スペースも バーも いらない！

お手本動画の
QRコード
つき

家バレエ

~バー・レッスンからセンター特訓メニューまで~

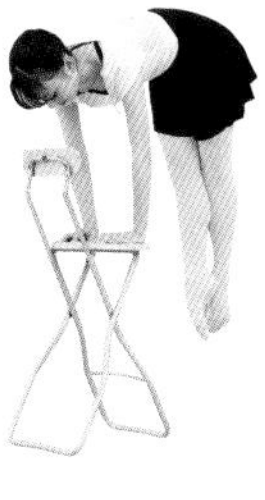

Croisé《クロワゼ》 編
監修／小柴葉朕

SHINSHOKAN

家バレエ　もくじ

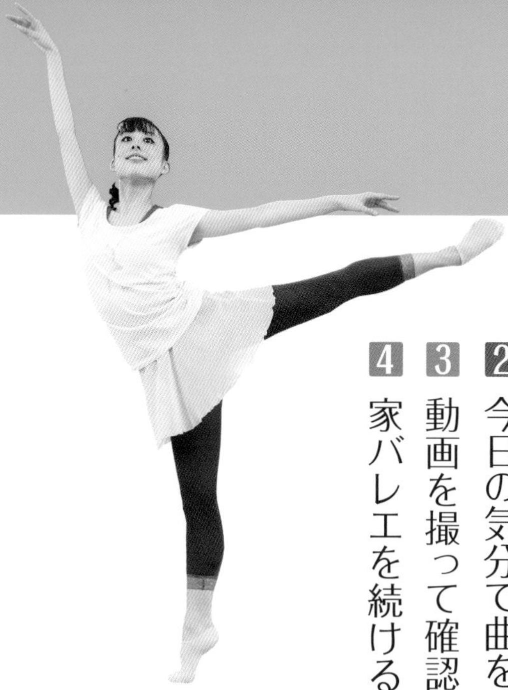

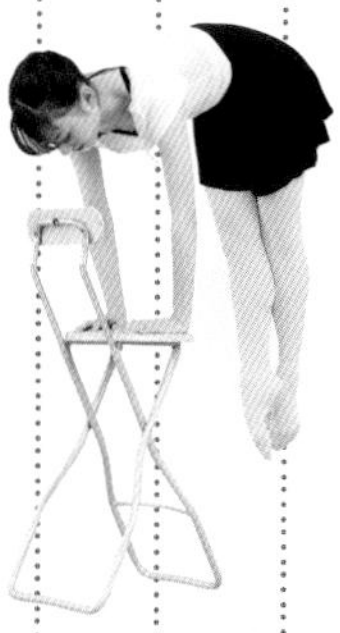

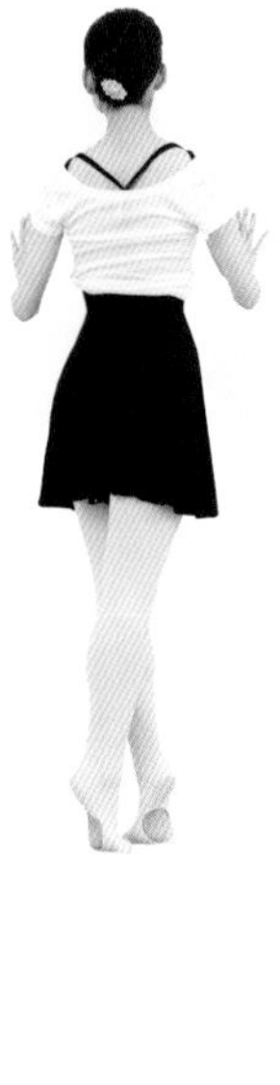

コラム

おすすめレッスンスタイル

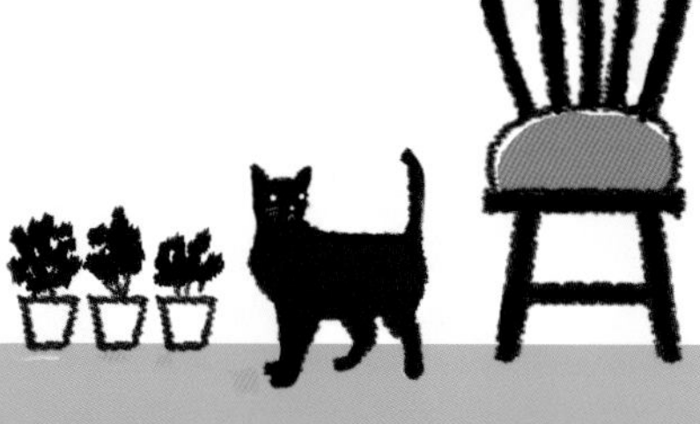

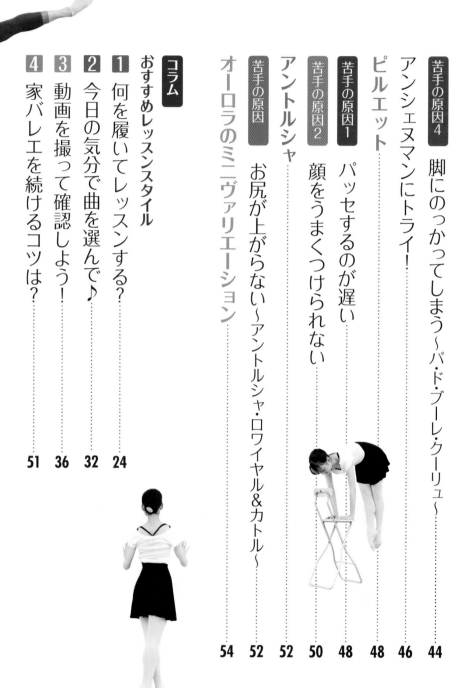

小柴葉朕先生からのメッセージ

忙しいおとなこそ、家バレエ！

「毎日レッスンしたい！」「次のレッスンまでに苦手なパを特訓したい！」でも、様々な事情で今以上スタジオに通うのは難しい——そんなおとなの悩みにお応えするために、「家バレエ」は生まれました。たたみ一畳分のスペースで、バー・レッスンはもちろんセンターの特訓メニュー、そしてあこがれのヴァリエーションまで踊ってしまいます。バーがなくても、家の壁や家具を使ってできるので、ぜひ気軽にチャレンジしてみてください。

せまい部屋の中だからこそ、できることがある

すべてのレッスンを通して行うのはもちろん、アンシェヌマンを覚えたら、洗い物をしながらルルヴェしたり、お湯が沸くまでタンデュしたりと、ちょっとした時間に行うのもおすすめです。どんな時も心掛けてほしいのは、基本に忠実にレッスンすること。「家バレエ」には先生がいませんから、日頃の先生からの注意を思い出しながら動きましょう。とくに重要なのは、「まっすぐ」を意識することです。そのために家の四角い空間をうまく活用してください。たとえばキッチンは、両手でつかまれる上に壁や棚に囲まれていて、「まっすぐ」を意識しやすい場所。棚と平行に脚を出したり、背中で壁を感じたりすることで、体をまっすぐにキープしたまま動けますよ。リビングでも、壁の横ギリギリのところに立って壁側の脚を出すことで、脚をまっすぐ出せているか確認したり、イスや机と平行に立つことでポジションをチェックしたりできます。せまい部屋の中だからこそできることがたくさんあるので、いろいろ工夫して自分だけのレッスンを楽しんでくださいね。

スタジオでの「わからない」を解消する

「家バレエ」は、自分の踊りと向き合う絶好のチャンスでもあります。子どもとちがって、おとなは頭で理解しないとなかなか動けません。でもスタジオのレッスンはどんどん先に進んでしまうので、置いてきぼりの「陸の孤島」状態になること、ありませんか？　そんな時はぜひ、「家バレエ」でできなかったことにじっくり取り組んでみましょう。スタジオでのレッスンと「家バレエ」をセットにすることで、着実に上達していくと思います。

余計なものをそぎ落とした バレエの美を、日常に

バレエの美は、余計なものをそぎ落とすことで生まれます。簡単なようでとても難しいことですが、だからこそ私たちはその奥深さのとりこになってしまうのだと思います。それをスタジオの中だけで終わらせるのはもったいない。ぜひ家の中でもバレエの美を追求してください。そしてそのバレエの美を、日常の所作にも取り入れてみてください。余計なものをそぎ落とした立ち方、歩き方、立ち居振る舞いを心掛けると、ぐっと洗練されて見えるものです。「家バレエ」を通して、みなさんがバレエの美を体現するお手伝いができたら、こんなにうれしいことはありません。

家バレエを始める前に

Step1

たたみ一畳分のスペースを確保！

ストレッチもバーもセンターも、たたみ一畳分のスペースがあれば０Ｋ。ちょっぴり物を片付けて、レッスンスペースを作りましょう。

Step2

滑らないか床を確認！

じゅうたん×裸足、フローリング×靴下——レッスンスタイルはいろいろ。スタジオの床の感覚を思い出して、「滑りすぎず、滑らなすぎない」適度な滑り具合の組み合わせをチョイスして。

Step3

壁やイスの背をバー代わりに！

バーの代わりに使うのは、壁やイス、机など、手を置けるものなら何でも０Ｋ！　台所のシンクや廊下の壁、洗面台など、最適なバーを探してみましょう。

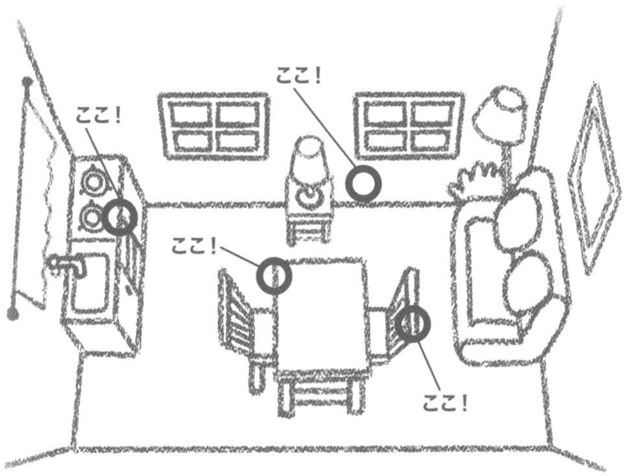

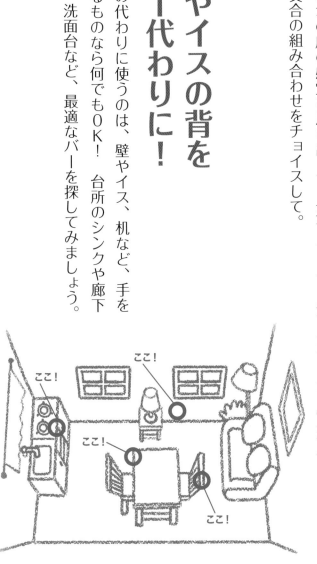

Step4

動画で動きをチェック！

この本のレッスンは、すべて動画つき。各レッスンページのQRコードをスマホやタブレットで読み取ると、そのレッスンのお手本動画を見ることができます。左右両方収録されているので、美しいバレエ音楽にあわせてぜひ一緒に踊ってみて。左のQRコードAからはすべてのレッスン動画を、Bからはバー・レッスンの通し動画を、Cからはセンター・レッスンの通し動画を確認することができます。

Step5

「基本通り」を意識する！

スタジオでのレッスンと違って、注意してくれる先生はいません。いつも以上に基本を意識しながら、普段注意されていることを一つひとつ思い出して丁寧に動きましょう。まずは次ページからの「プレパレーション」で、正しい立ち方をチェック！

A すべてのレッスン動画

B バー・レッスン通し動画

C センター・レッスン通し動画

QRコードは株式会社デンソーウェーブの登録商標です

プレパレーション1

ウォーミングアップ

全身を長く、まっすぐな状態に整えましょう。
寝た状態で行うと、お腹も自然に薄くなります。立ち上がってレッスンする時も、
そのタテの長さとお腹の薄さをできるだけキープしましょう。

1

腰とウエストの横を意識して伸ばす
立っている時も
これぐらい体を
伸ばしましょう
背中をしっかりつけて

仰向けに寝て両手を組み、体を上下に引っ張ります。
指をほどき、体を片側ずつさらに引っ張り合って伸ばしたら、
手首と足首を外側へ5回、内側へ5回ほど回します。

3

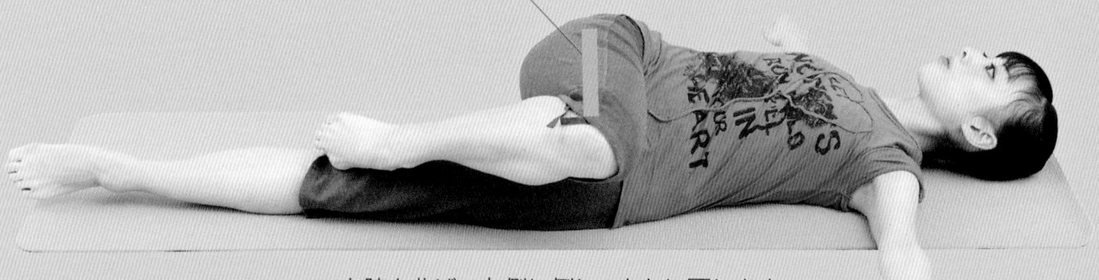

腿の外側を伸ばす

右膝を曲げて左側に倒し、もとに戻します。
反対の脚でも行います。

2

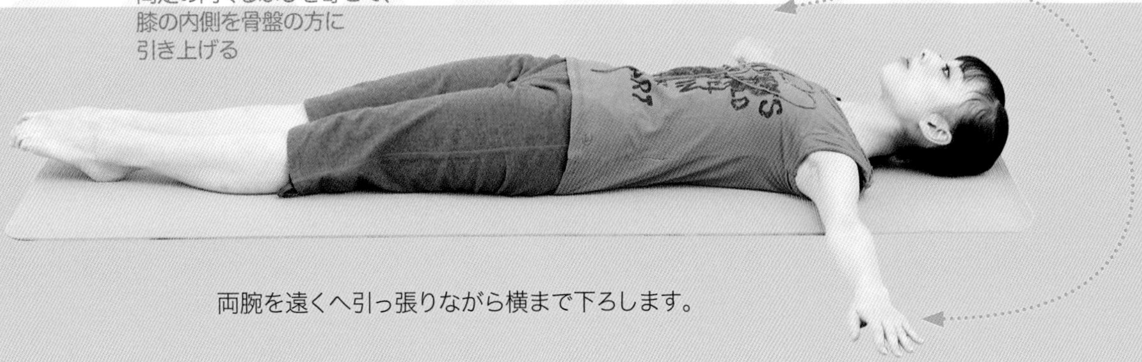
肩甲骨から腕を動かして
両足の内くるぶしを寄せて、
膝の内側を骨盤の方に
引き上げる

両腕を遠くへ引っ張りながら横まで下ろします。

4

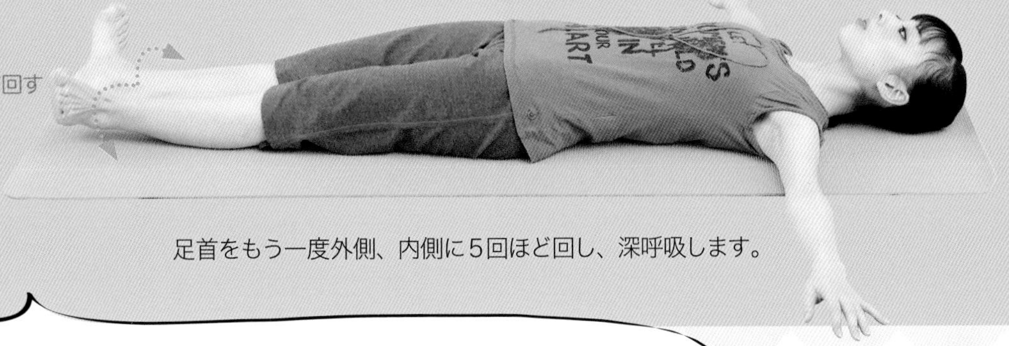
背中が浮かないように
ゆびの裏も
全部使って回す

足首をもう一度外側、内側に5回ほど回し、深呼吸します。

このあと好きなストレッチを追加してもOK。
準備が整ったら、次ページで正しい立ち方を確認しましょう。

プレパレーション2

正しい立ち方をチェック！

ウォームアップで長く、薄い体の感覚がつかめたら、立ち方を確認しましょう。
ふたつのポイントを意識することで、体をまっすぐに伸ばして正しく立つことができます。
注意してくれる先生がいない「家バレエ」では、この基本の姿勢をつねに守ることが大切です。

Point

☑ 内くるぶしと膝をつなげて引き上げる

内くるぶしの骨を、膝の内側を通ってお腹の方へ引き上げていくイメージで立ちましょう。足首や膝のねじれを防ぎ、脚のラインをまっすぐにすることができます。脚のラインが整うと上体も自然に引き上がり、まっすぐ立てるようになります。

☑ お腹の折り紙にしわを寄せない

お腹に折り紙を貼っているつもりで、その折り紙をまっすぐ前に向けておきましょう。脚や体を動かす時に、折り紙が曲がったりよじれたりしないように意識すると、骨盤と上体をまっすぐキープしたまま動くことができます。

第6ポジション

お腹の折り紙がまっすぐ前を向いている
内くるぶしの骨が膝の内側を通ってお腹の方へ引き上がっている
内くるぶしと膝どうしがくっついている

第1ポジション

お腹の折り紙がまっすぐ前を向いている
内くるぶしの骨が膝の内側を通ってお腹の方へ引き上がっている
内くるぶしと膝の内側が前を向いている

まっすぐに立てましたか？　では、「家バレエ」を始めましょう！

バー・レッスン

バーの代わりに使うのは、イスや机、壁など何でもＯＫ！
まっすぐなラインと自分の肩や骨盤、脚の向きを見比べて、
ポジションを確認しながら踊りましょう。

1 ルルヴェ

フランス語で「持ち上げる」の意味。
足裏全体を床につけた「ア・テール」の状態から、
足ゆびのつけ根をしっかり曲げて、踵を高く持ち上げた
「ドゥミ・ポアント」の状態にします。

お手本動画

壁やイス、机に
両手を置きます

壁に両手をついて行うと、
ボディをまっすぐに
保ちやすくなります

Point

- ☑ 内くるぶしと膝を
  つなげて引き上げる
- ☑ お腹の折り紙に
  しわを寄せない
- ☑ 骨盤がバーと平行
- ☑ 左右の肩がバーと平行
- ☑ 足ゆびの付け根を折る
- ☑ 人差しゆびを中心に
  体重をかける

1

①第6ポジションで立ちます。

2

②両足でルルヴェ。

3

③右足の踵を下ろして左足をドゥミ・ポアントに。(♪**1**・2)

7

⑦プリエのままドゥミ・ポアントに。(♪3・4)

8

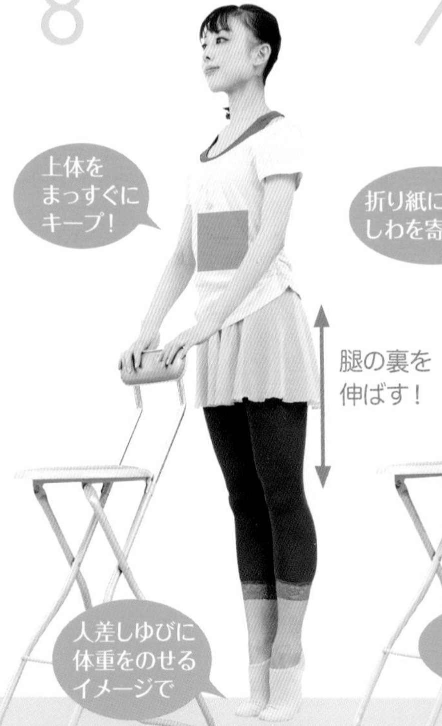

⑧ドゥミ・ポアントのまま膝を伸ばします。(♪5・6)

9

⑨踵を下ろします。(♪7)

10

⑩両足でルルヴェします。(♪8・**4**・2)

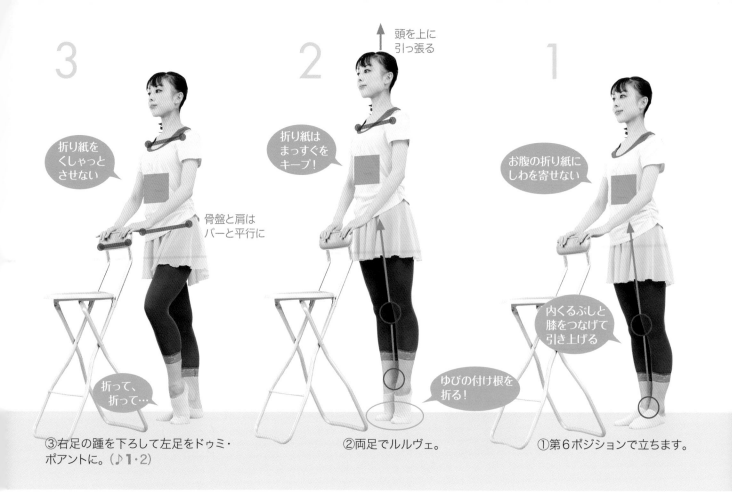

4

5

6

軸脚の
内くるぶしを
高く引き
上げて
踵が浮かない
ように
折り紙が
折れ曲がらない
ように
おへその下を
短くするつもり
で引き上げる！

④左足の踵を下ろして右足をドゥミ・ポアントに（♪3・4）。左右交互に5回くり返し……（♪5・6・7・8・**2**・2・3・4・5・6）、

⑤左足の踵を下ろして両脚をそろえます。（♪7・8）

④ドゥミ・プリエ。（♪**3**・2）

11

12

13

14

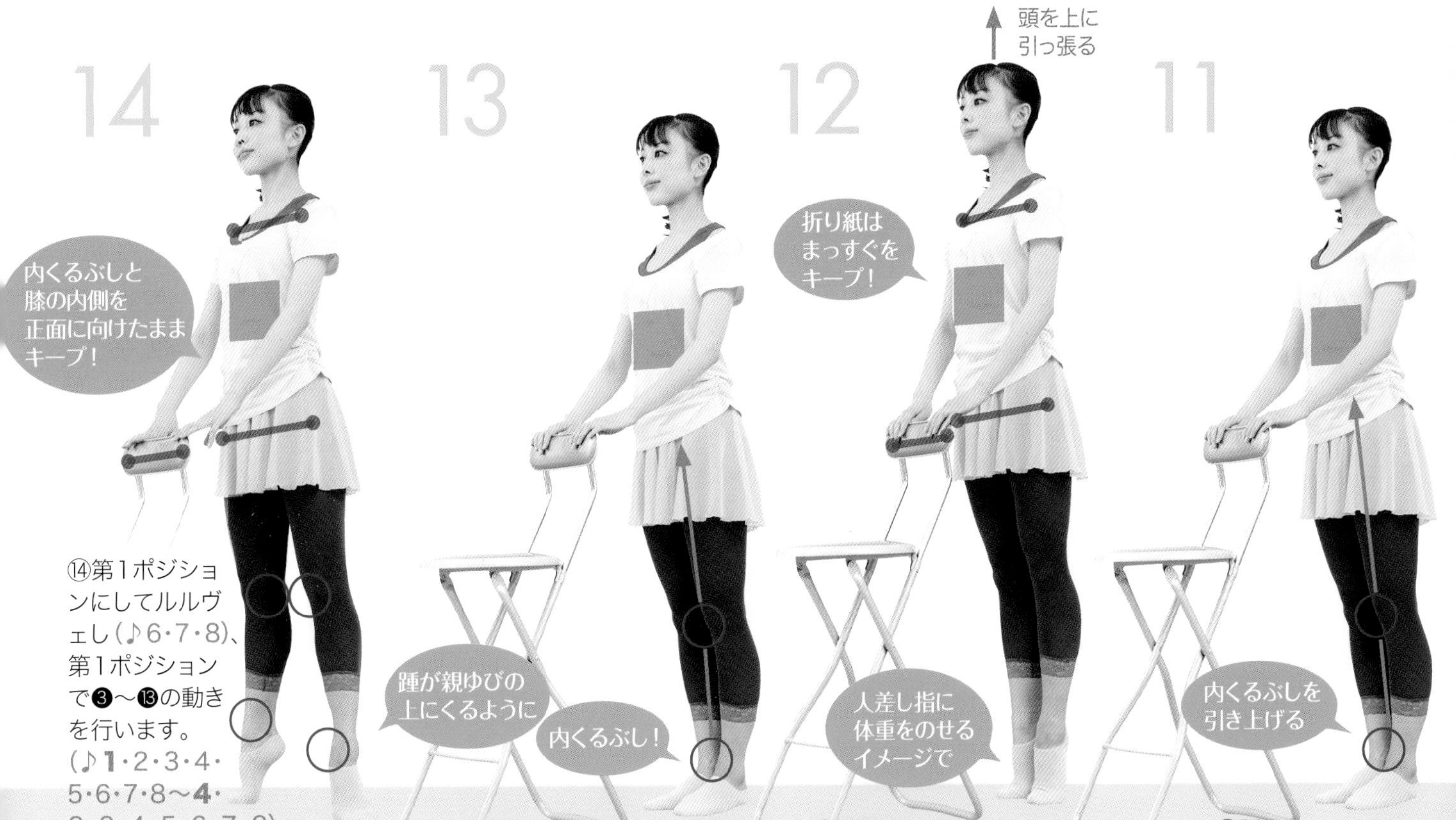

頭を上に
引っ張る
内くるぶしを
引き上げる
折り紙は
まっすぐを
キープ！
人差し指に
体重をのせる
イメージで
踵が親ゆびの
上にくるように
内くるぶし！
内くるぶしと
膝の内側を
正面に向けたまま
キープ！

⑪踵を
下ろします。（♪3）

⑫両足でルルヴェ
します。（♪4）

⑬踵を
下ろします。（♪5）

⑭第1ポジションにしてルルヴェ（♪6・7・8）、第1ポジションで❸〜⓭の動きを行います。（♪**1**・2・3・4・5・6・7・8〜**4**・2・3・4・5・6・7・8）

2 プリエ

フランス語で「折りたたむ」の意味。
足裏で床を感じ、自分のできる範囲のアン・ドゥオールを保ちながら、
膝を柔らかく曲げ伸ばす動きです。浅く膝を曲げる「ドゥミ・プリエ」と、
深く膝を曲げる「グラン・プリエ」の2種類があります。

お手木動画

Point

- ☑ 内くるぶしと膝をつなげて引き上げる
- ☑ お腹の折り紙にしわを寄せない
- ☑ 骨盤がバーと平行
- ☑ 膝とつま先がバーと平行
- ☑ 左右の肩がバーと平行
- ☑ 膝を曲げるときはおへその下を短くするつもりで引き上げる

1

①第1ポジションで立ちます。

2

②ドゥミ・プリエします。
（♪**1**・2）

3

③膝を伸ばします。（♪3・4）
❷、❸をくり返します。（♪5・6・7・8）

4

④グラン・プリエ。
（♪**2**・2・3・4）

5

⑤膝を伸ばします。
（♪5・6・7・8）

6

⑥上体を左に倒して起き上がります。
（♪**3**・2・3・4・5・6・7・8）

7

⑦右にも倒して起き上がります。
(♪**4**・2・3・4・5・6)

8

⑧第2ポジションに。
(♪7・8)

12

⑫上体を左→後ろ→右に回します。
(♪**3**・2・3・4・5・6・7・8)

13

⑬同様に右からも回します。
(♪**4**・2・3・4・5・6)

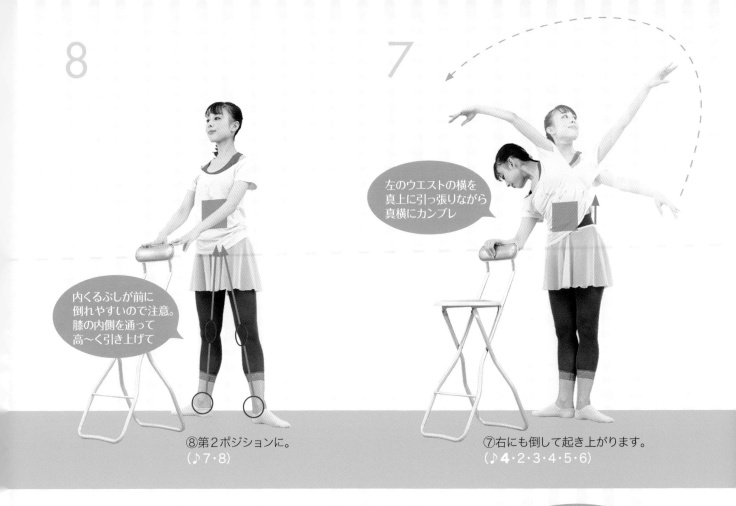

9

おへその下を
短くするつもりで
引き上げる！
お腹の
折り紙は
まっすぐ
前！
膝は横！

⑨ドゥミ・プリエを2回。
（♪**1**・2・3・4・5・6・7・8）

10

おへその
下を短く！
膝が前に
倒れやすいので
注意！ 内くるぶしを
膝の内側を通って
お腹のほうへ！

⑩グラン・プリエ。
（♪**2**・2・3・4）

11

⑪膝を伸ばします。
（♪5・6・7・8）

14

折り紙を
正面に向け、
肩、骨盤を
バーと平行に！
内くるぶしを
お腹の方へ

⑭右足前の第5ポジションに。
（♪7・8）

15

おへその下を
短くするつもりで
引き上げる！
膝は横！
踵が浮かない
ように

⑮ドゥミ・プリエを2回。
（♪**1**・2・3・4・5・6・7・8）

16

おへその
下を短く！
お尻が
出ないように
膝の内側と
内くるぶしは
正面！

⑯グラン・プリエ。
（♪**2**・2・3・4）

17

折り紙を
正面に向け、
肩、骨盤を
バーと平行に！

⑰膝を伸ばします。
(♪5・6・7・8)

18

折り紙をなるべく
まっすぐのまま倒して
お尻を後ろに
引かない

⑱第5ポジションのまま右を向き、
上体を前に倒して起き上がります。
(♪**3**・2・3・4・5・6・7・8)

19

頭を上に
引っ張る
内くるぶしを
膝の内側を通って
お腹の方へ
引き上げる！

⑲左右のつま先を重ねるように引き寄せてシュ・スー。
(♪**4**・2・3・4)

20

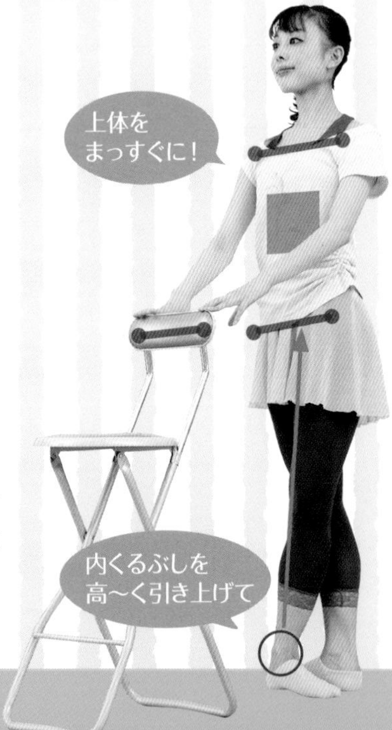
上体を
まっすぐに！
内くるぶしを
高〜く引き上げて

⑳正面に向き、脚を入れ替えて左前の5番にして(♪5・6・7・8)、左右逆で⓯〜⓴を行います。(♪**1**・2・3・4・5・6・7・8〜**4**・2・3・4・5・6・7・8)

3 タンデュ&ジュテ

タンデュは脚をピンと「張る」という意味。
片脚の膝を伸ばしたまま、前、横、後ろにすり出す動きです。
足裏で床をしっかりすりながら脚を動かし、つま先を伸ばした「ポーズ」だけではなく、
出し戻しの「道のり」もしっかり見せましょう。
ジュテは「投げる」の意味。タンデュよりさらに遠くへ脚を出し、
つま先が床から離れる瞬間に床を蹴る動きです。
「投げっぱなし」にならないよう、戻す過程も丁寧に行いましょう。

手で壁を押すと背中をまっすぐにキープしやすくなります
片手で壁を押し、もう片方の手はイスにのせて

お手本動画

Point

- 内くるぶしと膝をつなげて引き上げる
- お腹の折り紙にしわを寄せない
- 壁と平行にまっすぐ脚を出す
- 横に上げる時、骨盤はバーと平行に
- 足裏でしっかり床をする

折り紙を正面に向け、肩、骨盤を平行に!
内くるぶしを膝の内側を通ってお腹の方へ引き上げる
壁と平行に出す!
軸脚の内くるぶしを高く引き上げて!
おへその下を短くするつもりで引き上げる!
腿の裏とふくらはぎを伸ばす
踵を押し出す

1

①右足前の第5ポジションで立ちます。

2

②右脚を前にタンデュします。(♪**1**)

床をしっかりすり、ドゥミ・ポアントを通る

3

③軸脚をプリエし、右足はフレックスに。(♪2)

内くるぶしを膝の内側を通ってお腹の方へ引き上げる
床をすってしっかり5番に入れる
お腹の折り紙がイスと反対側に向かないように
床をすり、ドゥミをしっかり通って
折り紙を正面に向け、肩、骨盤をバーと平行に!

8

⑧右脚を後ろに入れ、左足前の第5ポジションに。(♪7・8)

9

⑨後ろでも❷〜❽の動きを行いましょう。(♪**2**・2・3・4・5・6・7)

10

⑩体を左に向け、右足前の第5ポジションに。(♪8)

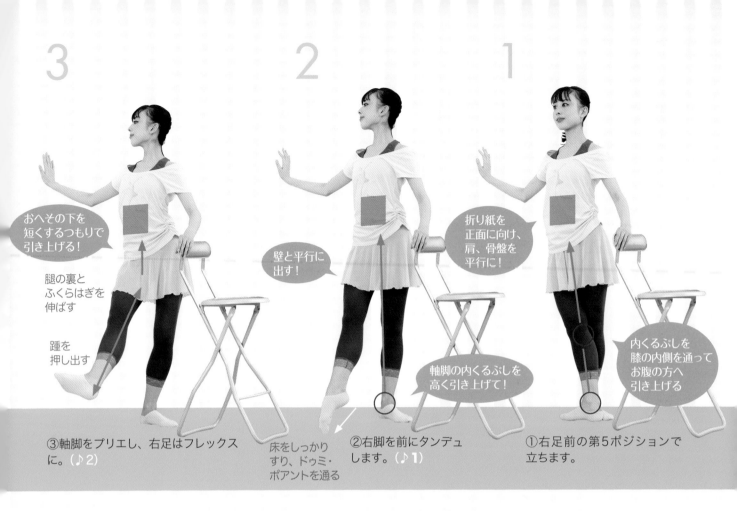

7 6 5 4

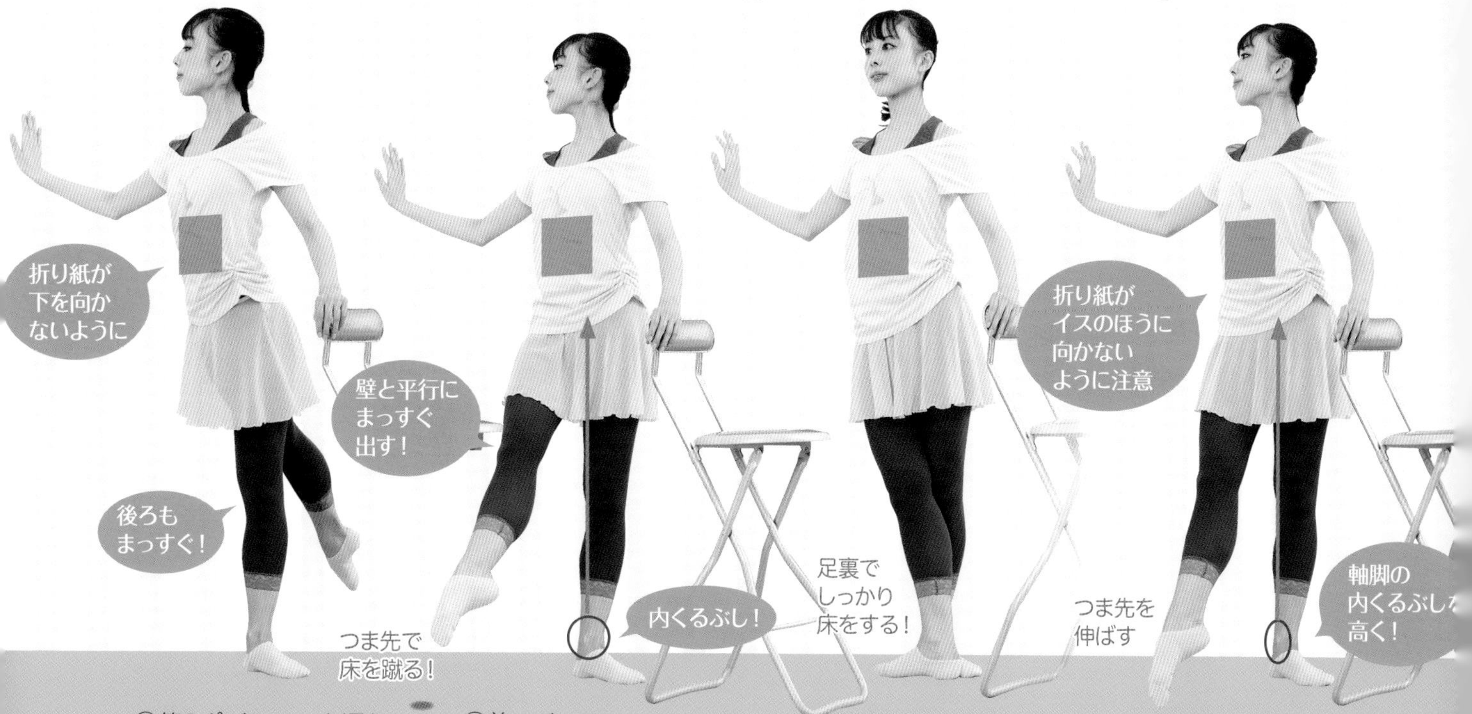

④軸脚を伸ばし、右足はポアントに。（♪3）

⑤右脚を戻します。（♪4）

⑥前へジュテ。（♪5）

⑦第1ポジションを通り、後ろへジュテ。（♪6）

13 12 11

⑪右脚を横に出し、同じようにタンデュしてポアント→フレックス→ポアント→後ろに入れる→ジュテして前に入れ、ジュテして後ろに入れて左足前の第5ポジションに。（♪**3**･2･3･4･5･6･7･8）

⑫左脚を前のパッセにし（♪**4**･2･3･4）、前に下ろして左足前の第5ポジションにし（♪5･6）、左に体を向けます。（♪7･8）

⑬今度は左右逆で❶〜⓬の動きを行いましょう。（♪**1**･2･3･4･5･6･7･8〜**4**･2･3･4･5･6･7･8）

何を履いてレッスンする？

「家バレエ」のいいところは、自分の踊りを自分のペースでじっくり細かくチェックできるところ。靴下を履くかどうか、どんな床でレッスンするかも、踊りを確認するための大切なポイントです。目的に合わせて、いろいろＴＲＹしてみましょう。

・足裏がなかなか使えない人
→「靴下 ×じゅうたん」で

わざと足裏を滑りにくくして、床をする感覚を身につけましょう。

・足ゆびの動きをチェックしたい人
→「裸足」で

小ゆび重心になっていないか、ドゥミ・ポアントでしっかり足ゆびの付け根を折れているか、目で見て確認！

・バレエ気分をたっぷり味わいたい人
→「バレエシューズ」で

やはりシューズは踊りやすさ抜群！　思い切り体を動かしたい時にはこれがいちばんです。

4 ロン・ド・ジャンブ・ア・テール&フォンデュ

ロンは「丸い」、ジャンブは「脚」、ア・テールは「地面に」の意味。
脚を伸ばし、つま先で床に半円を描く動きです。
動脚を大きく動かすためにも、軸脚でしっかり立ちましょう。
フォンデュは「とろける」の意味。両膝を曲げ、軸脚はまっすぐ上に、
もう一方の脚は前、横、後ろのいずれかに伸ばす動きです。
「軸脚をなが～く伸ばす力を使って動脚も伸ばす」とイメージすると、
両脚のタイミングを合わせられます。

お手本動画

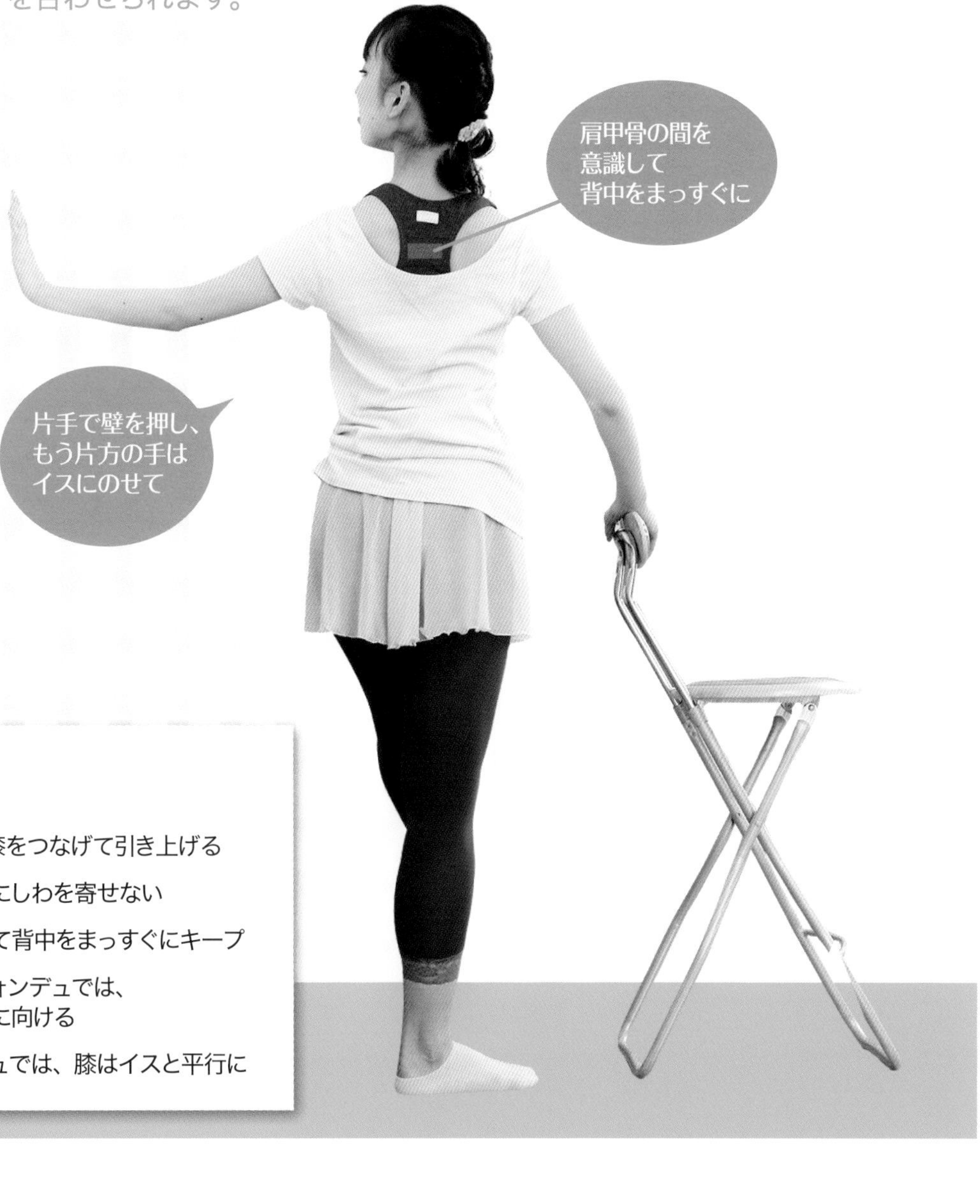
肩甲骨の間を
意識して
背中をまっすぐに
片手で壁を押し、
もう片方の手は
イスにのせて

Point

- 内くるぶしと膝をつなげて引き上げる
- お腹の折り紙にしわを寄せない
- 手で壁を押して背中をまっすぐにキープ
- 前と後ろのフォンデュでは、膝は壁のほうに向ける
- 横のフォンデュでは、膝はイスと平行に

1

折り紙を
正面に向け、
肩、骨盤を
平行に！
内くるぶしを
膝の内側を通って
お腹の方へ
引き上げる

①右足前の第5ポジションで立ちます。

2

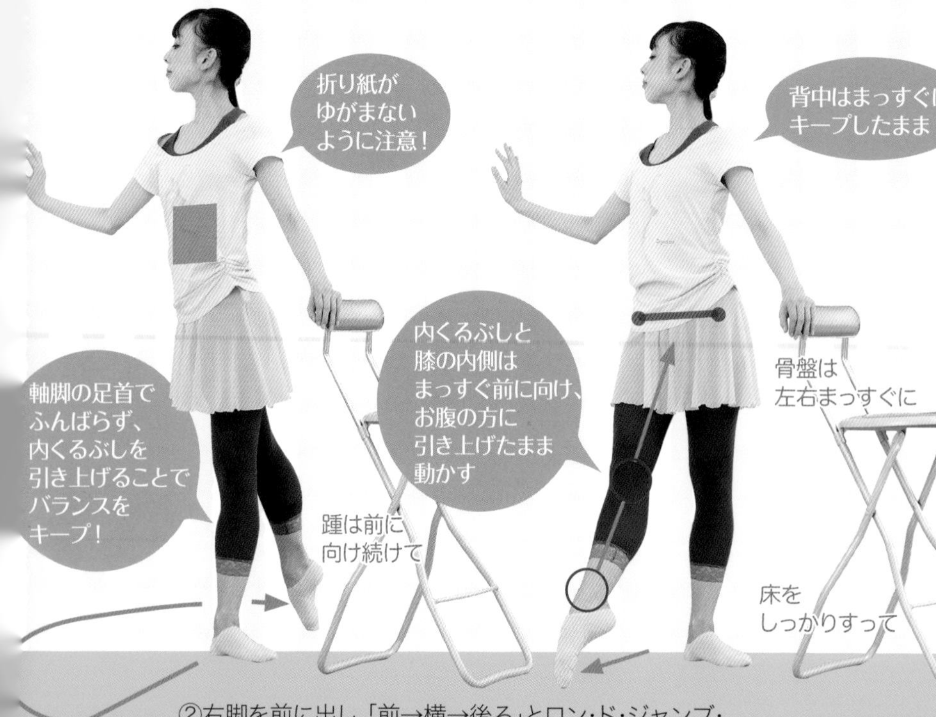
折り紙が
ゆがまない
ように注意！
軸脚の足首で
ふんばらず、
内くるぶしを
引き上げることで
バランスを
キープ！
踵は前に
向け続けて
背中はまっすぐに
キープしたまま！
内くるぶしと
膝の内側は
まっすぐ前に向け、
お腹の方に
引き上げたまま
動かす
骨盤は
左右まっすぐに
床を
しっかりすって

②右脚を前に出し、「前→横→後ろ」とロン・ド・ジャンブ・ア・テールを2回行います。（♪**1**・2・3・4）

6

折り紙が
下を
向かない
ように！
動脚を上げるぶん、
軸脚の内くるぶしを
もっと高く！
足裏で床を
なめるように

⑥後ろへジュテ。（♪5・6・7・8）

7

両脚の
タイミングを
ぴったり
合わせる
膝は
壁の方へ
向けて

⑦後ろのフォンデュを2回行います。（♪**4**・2・3・4・5・6・7）

8

⑧右脚を前に入れて左に半回転して後ろを向き、左足前の第5ポジションに（♪8）。今度は左脚で❷〜❼の動きを行いましょう。（♪**1**・2・3・4・5・6・7・8〜**4**・2・3・4・5・6・7）

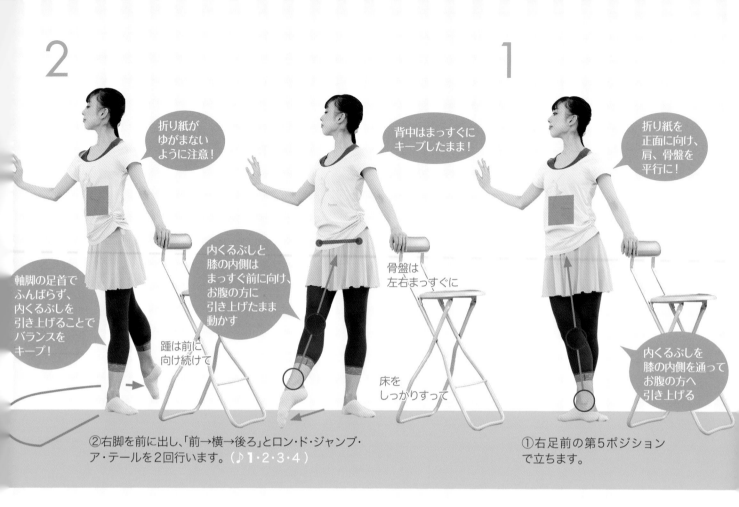

5

4

3

背中は
壁と垂直に
キープして!
内くるぶしが
落ちて
しまいがち。
お腹の方に
引き上げて
踵を前に
向け続けて
折り紙を
くしゃっと
させない
ように
膝は横に
向けたまま
脚を伸ばす
折り紙は
まっすぐ前!
膝は
壁の方へ
折り紙が
曲がらない
ように
足裏で床を
なめるように出す

⑤第1ポジションを通って脚を後ろにタンデュし、「後ろ→横→前」とロン・ド・ジャンブ・ア・テールを2回行います。(♪**3**・2・3・4)

④前のフォンデュを2回行います。(♪**2**・2・3・4・5・6・7・8)

両脚の
内くるぶしと
膝の内側を
しっかり前に
向けて

③前へジュテ。(♪5・6・7・8)

動脚を
上げるぶん、
軸脚の
内くるぶしを
もっとを高く
引き上げる

11

10

9

左腕と右脚を
長く伸ばす
左膝は壁の方へ

⑪軸脚をドゥミ・プリエしながら上体を前に倒し、起き上がります(♪・3・4・5・6・7・8)。その後、体を右に向けて左足前の第5ポジションになり、左脚でも❾〜⓫の動きを行います。(♪**3**・2・3・4・5・6・7・8、**4**・2・3・4・5・6・7・8)

バーと
平行になるように
膝を横へ
内くるぶしを
お腹の方へ
引き上げる!

⑩体を左に向け、右足をポアントにして後ろに伸ばします。(♪**2**・2)

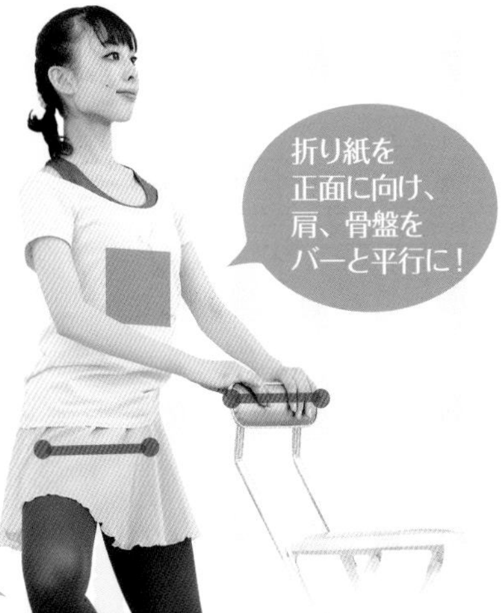
折り紙を
正面に向け、
肩、骨盤を
バーと平行に!

⑨左脚を後ろに入れて体を右に向け、右足前の第5ポジションに(♪8)。右脚で横のフォンデュを2回行います。(♪**1**・2・3・4・5・6・7・8)

*ク・ド・ピエは前→後ろの順で行いましょう。

5 フラッペ

フランス語で「たたく」の意味。
足ゆびの裏で床をたたくようにして前、横、後ろへ蹴り出す動きです。
蹴った反動で軸が傾かないように、軸脚の内くるぶしを
お腹の方にしっかり引き上げ、全身をまっすぐに保ちましょう。

お手本動画

片手で壁を押し、
もう片方の手はイスにのせて
壁と平行に出す！

Point

- 内くるぶしと膝をつなげて引き上げる
- お腹の折り紙にしわを寄せない
- 壁を押して背中をまっすぐにキープ
- 壁と平行に脚を出す
- 膝は壁のほうに向ける
- 足裏でしっかり床をする

1

①右足前の第5ポジションで立ちます。

2

②右脚を前にすり出し、ポアント。（♪1）

3

③ドゥミ・ポアント。（♪2）

4

④ジュテ。（♪3）

5

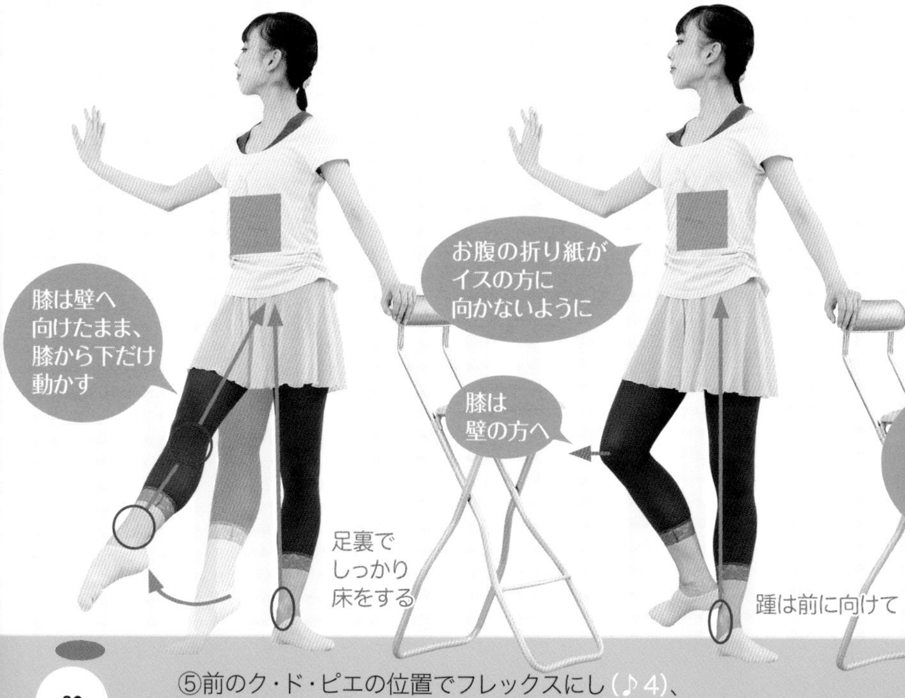

⑤前のク・ド・ピエの位置でフレックスにし（♪4）、
足を蹴り出して前のフラッペを3回行います。（♪5・6・7）

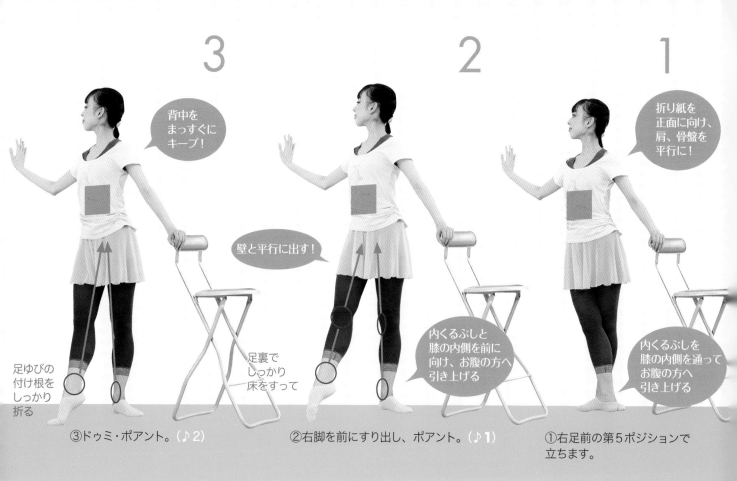

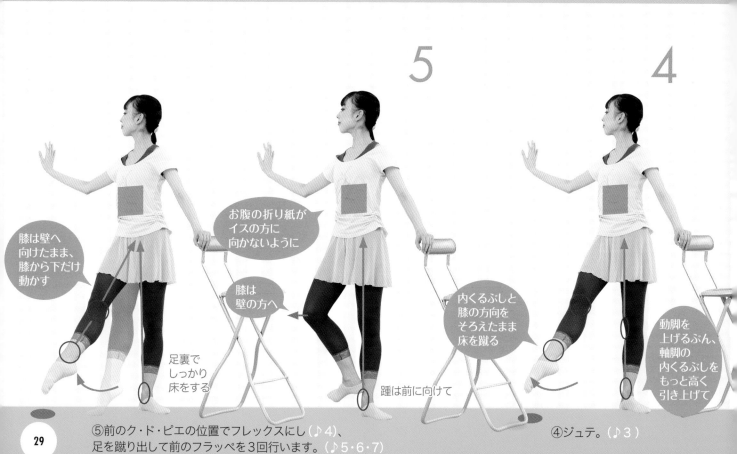

6

折り紙を
正面に向け、
肩、骨盤を
平行に！
内くるぶしを
膝の内側を通って
お腹の方へ
引き上げる

⑥第5ポジションに戻します。（♪8）

7

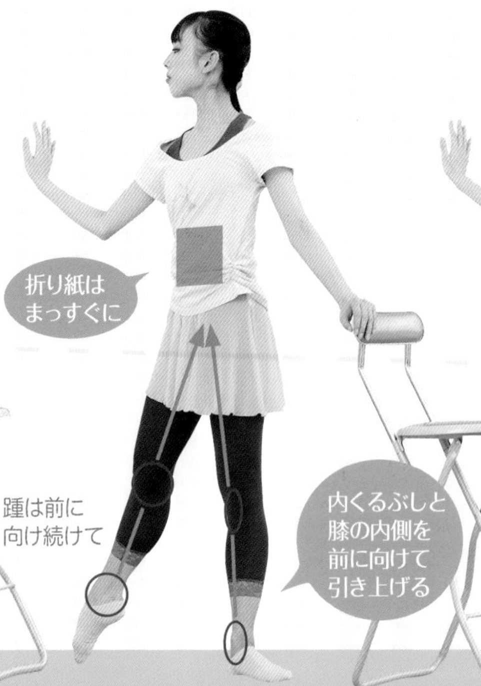
折り紙は
まっすぐに
踵は前に
向け続けて
内くるぶしと
膝の内側を
前に向けて
引き上げる

⑦右脚を横にすり出し、横でも❶〜❺の動きを行い（♪**2**・2・3・4・5・6・7）、

＊ク・ド・ピエは、後ろ→前→後ろの順で行いましょう。

8

⑧脚を後ろに入れて左足前の第5ポジションに。（♪8）

12

軸脚の
内くるぶしは高く！
動脚の内くるぶしと
膝の内側はしっかり
前に向けて

⑫同じようにク・ド・ピエに。（♪2）

13

折り紙は
正面！
壁と平行に
後ろへ
まっすぐ出す

⑬脚を後ろに出します。（♪3）

14

内くるぶしと
膝の内側を
前に向けて
引き上げる！

⑭ク・ド・ピエに。（♪4）

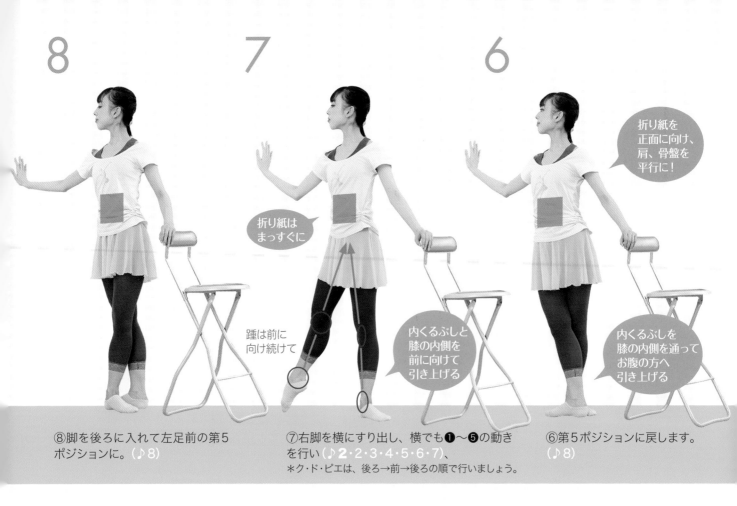

9

⑨右脚を後ろにすり出し、後ろでも同じように行います。（♪**3**･2･3･4･5･6･7）

10

⑩右脚を足裏で足首を包み込むようにするク・ド・ピエにし（♪8）、

11

⑪脚を前に出します。（♪**4**）

15

⑮脚を横に出します。（♪5）

16

⑯ルルヴェしながら右脚を前に入れて右足前の第5ポジションにし、左に半回転して後ろを向きます（♪6･7･8）。左脚でも❶～⓰の動きを行いましょう。
（♪**1**･2･3･4･5･6･7･8～**4**･2･3･4･5･6･7･8）

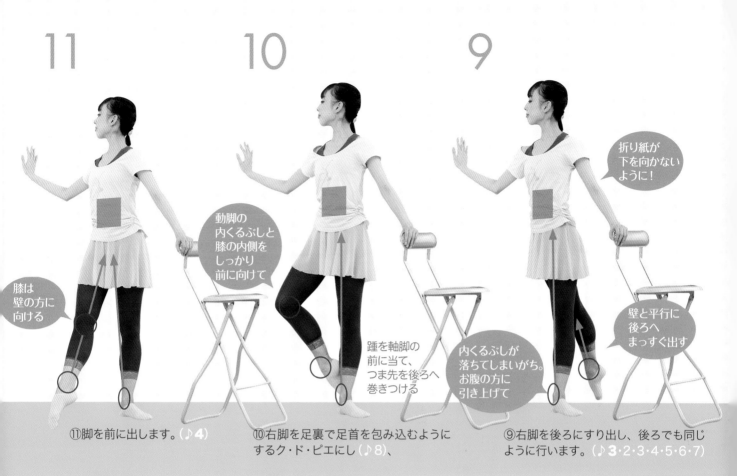

オススメ！
レッスン
style

今日の気分で曲を選んで♪

動画を見てアンシェヌマンを覚えたら、自分の好きな曲に合わせて踊ってみるのもオススメ。イメージが変わって、新鮮な気持ちで踊れますよ。クラシックはもちろん、ポピュラー音楽や演歌など、リズムさえとれればどんな曲でもＯＫ！　その日の気分でいろんな曲にチャレンジしてみましょう！

・ドラマティックに踊りたい！
↓『白鳥の湖』や『ロミオとジュリエット』などのバレエ曲がオススメ

・歌うように踊りたい
↓カラオケでよく歌う曲をかけて歌いながら踊ってみて

・リズミカルに踊りたい
↓ロックやジャズなど、好きなリズムの曲をチョイスして

6 デヴェロッペ&グラン・バットマン

デヴェロッペは「発展する」の意味。
片脚をルティレ、アティテュードを通過して前、横、後ろへゆっくりと伸ばす動きです。
太腿ではなく、腹筋を使って脚をキープしましょう。
グランは「大きい」、バットマンは「打つこと」の意味。
片脚を伸ばしたまま前、横、後ろへ高く蹴り上げます。
上げた反動で軸がぶれたり、脚をドスンと落としたりしないよう、
軸脚の内くるぶしをお腹の方にしっかり引き上げて
全身をまっすぐにキープしましょう。

お手本動画

片手で壁を押し、
もう片方の手はイスにのせて

Point

- 内くるぶしと膝をつなげて引き上げる
- お腹の折り紙にしわを寄せない
- 壁を押して背中をまっすぐにキープ
- 壁と平行に脚を出す
- 膝は壁の方に向ける
- 横に出す時はイスと平行に

1

折り紙を
正面に向け、
肩、骨盤を
平行に！
内くるぶしを
膝の内側を通って
お腹の方へ
引き上げる

①右足前の第5ポジションで
立ちます。

2

壁と平行に
伸ばす！
お腹の奥の
筋肉でキープ
軸脚も
アン・ドゥオール
折り紙を
くしゃっと
させない
膝は壁の方へ
動脚を上げるぶん、
軸脚の内くるぶしを
もっと高く！

②右脚を前にデヴェロッペ。（♪&**1**・2）

5

まっすぐ
後ろに出す。
下ろす時も
丁寧に
つま先は
遠くを通る
折り紙が
傾かないように
軸脚の内くるぶしを
高く引き上げ、足裏で
床をしっかり押す
背中は
まっすぐに
キープ！
膝はイスの方へ
動脚を上げるぶん、
軸脚の内くるぶしを
もっと高く引き上げて

⑤左脚で、後ろでも同じように行いましょう。（♪8、**2**・2・3・4・5・6・7）

3

4

壁を押して
背中を
まっすぐに
キープ!
タンデュの位置を通り、
足裏でしっかり
床をすって戻す
壁と平行に
出す!
踵から出す
脚と一緒に
上体を高く
持ち上げて!
軸脚の内くるぶしを
高く引き上げると
足裏で床を
しっかり押せる
上体を引き
上げたまま
丁寧に脚を
下ろす
1回1回きちんと
5番に入れる

③脚を戻して右足前の第5ポジションに。(♪3)

④前のグラン・バットマンを2回行います。(♪4·5·6·7)

6

折り紙は
まっすぐ
前に
向けたまま
内くるぶしを
もっと高く!
折り紙が
曲がらないように
脚と一緒に上体を
持ち上げて!
イスと平行に
まっすぐ横に
軸脚の内くるぶしを
高く引き上げ、足裏で
床をしっかり押す

お尻の下から
つま先の先まで
伸ばす

軸脚を
突っ張り棒の
ように上下に
まっすぐ伸ばす

⑥体を左に向け、右脚で横にも同じように行います。(♪8、**3**·2·3·4·5·6·7·8)

*脚は、デヴェロッペの後は後ろに、グラン・バットマンは前→後ろに入れます。

7

折り紙は
まっすぐに
キープ!
骨盤はイスと平行に
内くるぶしを
高〜く
引き上げて!

⑦左足前の第5ポジションでシュ・スー。両腕をアン・オーにし、体を左に向けます(♪**4**·2·3·4·5·6)。

左右逆の脚でも❶〜❼の動きを行いましょう。(♪7·8·**1**·2·3·4·5·6·7·8〜**4**·2·3·4·5·6·7·8)

オススメ！
レッスンstyle

動画を撮って確認しよう！

家バレエとスタジオでのレッスンのいちばんの違いは、なんといっても**先生がいない**ということ。間違いを指摘してくれる先生がいないと、**間違った方向に進んでしまいがち**です。たとえばタンデュ。アン・ドゥオールすることは大切ですが、「アン・ドゥオールしたい！」と思うあまり、**軸をずらしてまで動脚を開いている**こと、ありませんか？　一見開いて見えても、軸が曲がっていたら、正しいバレエの動きとはいえません。それをくり返して悪いクセをつけないためにも、プレパレーションで紹介している正しい立ち方のポイントをしっかり守り、**いつも以上に基本を意識してレッスン**しましょう。そして余裕のある日は、家バレエの様子をぜひ**動画で撮影してください。バレエでまず大切なのは、正しく立つこと**です。軸がずれていないか、腰骨や肩はまっすぐになっているか、**自分が先生になってチェック**してみましょう。そして、できれば週1回、難しければ2週間に1回でもいいので、**スタジオで先生から直接レッスンを受けてください。**先生に体の使い方をしっかりチェックしてもらいながら、家バレエを続け、バレエの正しい基礎を身に付けていきましょう。

センター・レッスン 苦手克服メニュー

「アレグロ」「ピルエット」「アントルシャ」の３つの特訓メニューをご用意！
レッスンではなかなか練習できないポイントを、自分のペースで自主練しましょう。

アレグロ

苦手の原因1

脚より先に頭が出てしまう

—膝から下を出す—

「アレグロ」は音楽用語で「急速なテンポ」の意味。バレエではジャンプなどを取り入れた速い動きの踊りを指します。速く動こうとして、あせって頭から突っ込んでしまうと、バランスがくずれて脚を出せなくなってしまいます。すばやく動くためには、まず、脚の「膝から下」を速く出すことが大切。両手バーでジュテをし、脚だけをすばやくすり出す練習をしましょう。

Point

- ☑ 内くるぶしと膝をつなげて引き上げる
- ☑ お腹の折り紙にしわを寄せない
- ☑ 膝は横に向けて
- ☑ 背中をまっすぐにキープ
- ☑ イスと平行に膝から下を出す

お手本動画

1

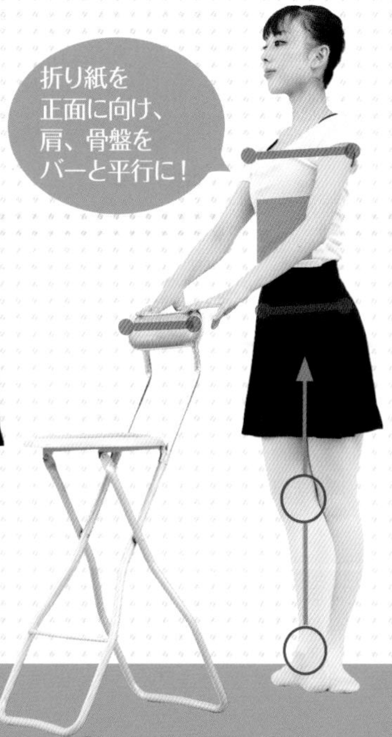
折り紙を
正面に向け、
肩、骨盤を
バーと平行に！

①右足前の第5ポジションで立ちます。

2

折り紙に
しわを
寄せないで
おへその下を
短くする
つもりで
引き上げる！
膝は横へ

②ドゥミ・プリエ。（♪&）

6

折り紙を
まっすぐにして
背中も
まっすぐに！
すばやく
出す！

⑥右脚を横にジュテしながら、軸脚の膝を伸ばします。（♪**3**・2・3）

7

肩、骨盤は
バーと平行！

⑦右脚を前に入れます。（♪**4**・2）

8

折り紙に
しわを
寄せない
膝は横！

⑧ドゥミ・プリエ。（♪3）

3

背中も
まっすぐに
キープ！
足裏で床を
しっかりすりながら
膝から下を
すばやく出す！

③右脚を横にジュテしながら軸脚の膝を伸ばします。（♪**1**・2・3）

4

折り紙を
正面に向け、
肩、骨盤を
バーと平行に！
きちんと5番に
入れる

④右脚を後ろに入れます。（♪**2**・2）

5

おへその
下を短く！
両脚の内くるぶし、
膝の内側を
しっかり前に向けて

⑤ドゥミ・プリエ。（♪3）

9

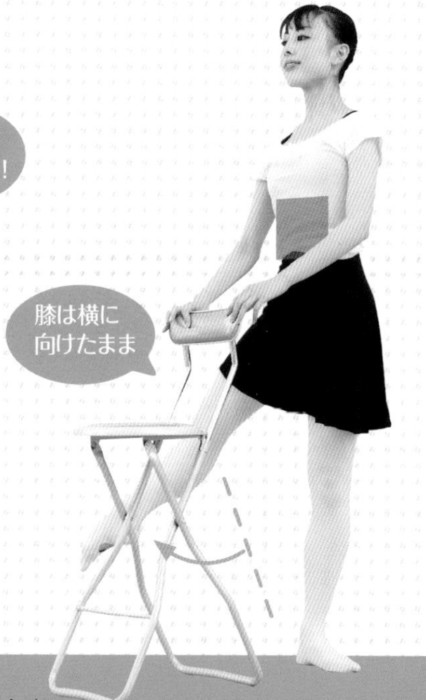
膝は横に
向けたまま

⑨今度はすばやく3回ジュテしましょう。
（♪**5**・2・3〜**8**・2）
＊脚は後ろ→前→後ろに入れます。

10

背中を
キープ！
おへその
下を短く！
膝は横！

⑩ドゥミ・プリエ。（♪3）

11

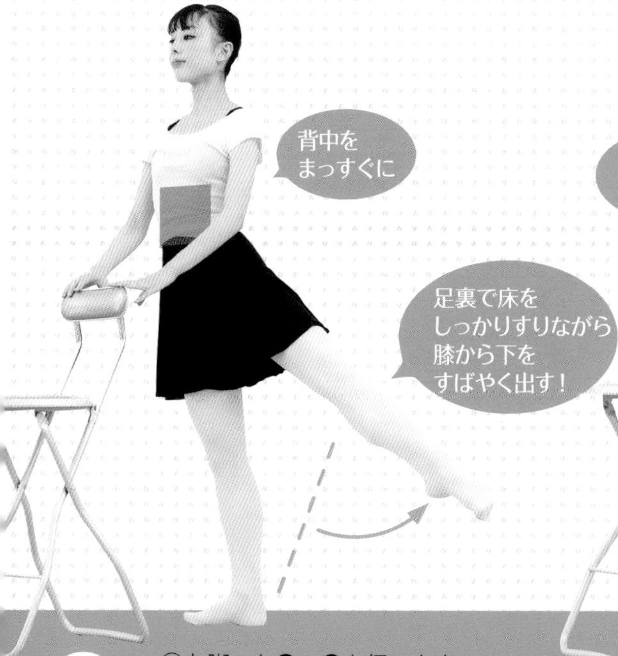
背中を
まっすぐに
足裏で床を
しっかりすりながら
膝から下を
すばやく出す！

⑪左脚でも❶〜❿を行います。
（♪3、**1**・2・3〜**8**・2・3）

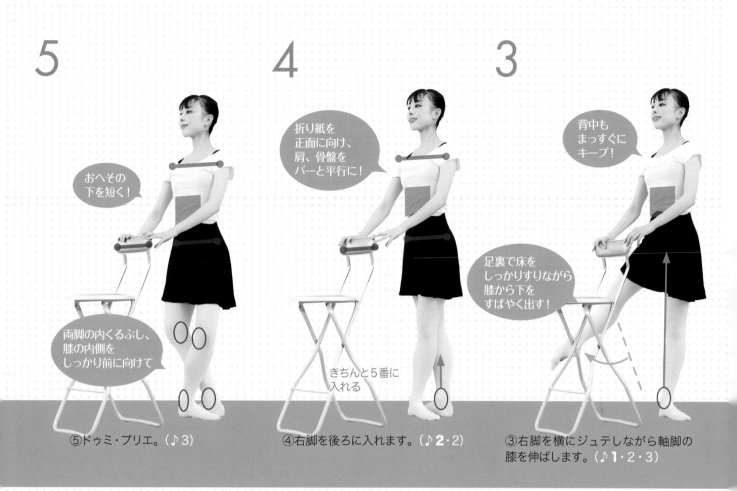

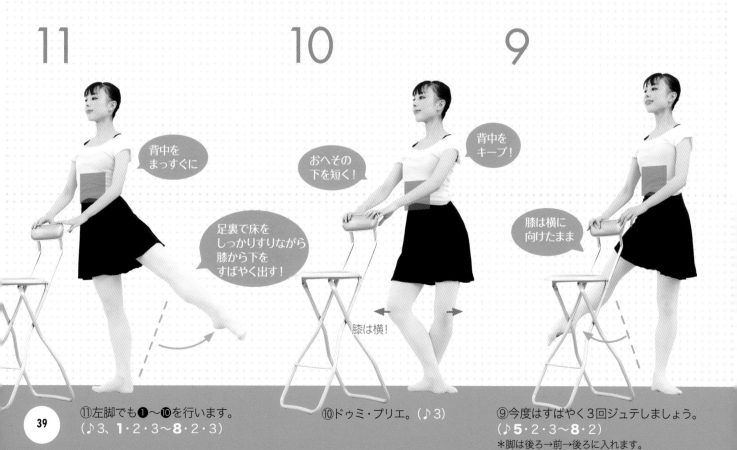

苦手の原因2

ジャンプでお尻が落ちている

—アッサンブレ—

ジャンプの時にお尻が落ちていることも、足先がもたついてしまう原因のひとつ。アッサンブレでお尻を持ち上げる訓練をしましょう。イスの座面や机に両手をついて行うと、着地の音を小さくでき、下の階にも響きにくくなりますよ。

Point

- ☑ 内くるぶしと膝をつなげて引き上げる
- ☑ お腹の折り紙にしわを寄せない
- ☑ お尻を持ち上げる
- ☑ プリエの膝はイスと平行に

お手本動画

1

折り紙が曲がらないように

①右足前の第5ポジションで立ち、

2

膝は横へ

②右脚をドゥミ・プリエしながら左脚を横にすり出し……、

5

折り紙にしわを寄せない
お尻をup!
つま先を伸ばす
内くるぶしをお腹の方へ!

⑤左脚をドゥミ・プリエしながら右脚を横にすり出し、左脚で踏み切って真上に跳び、空中で右脚を左脚の前に引き寄せて第5ポジションに。(♪3・4)

4

折り紙に
しわを寄せない
きちんと5番に
入れる
④そのまま第5ポジションのドゥミ・プリエで着地し(♪**1**)、膝を伸ばします。(♪2)

3

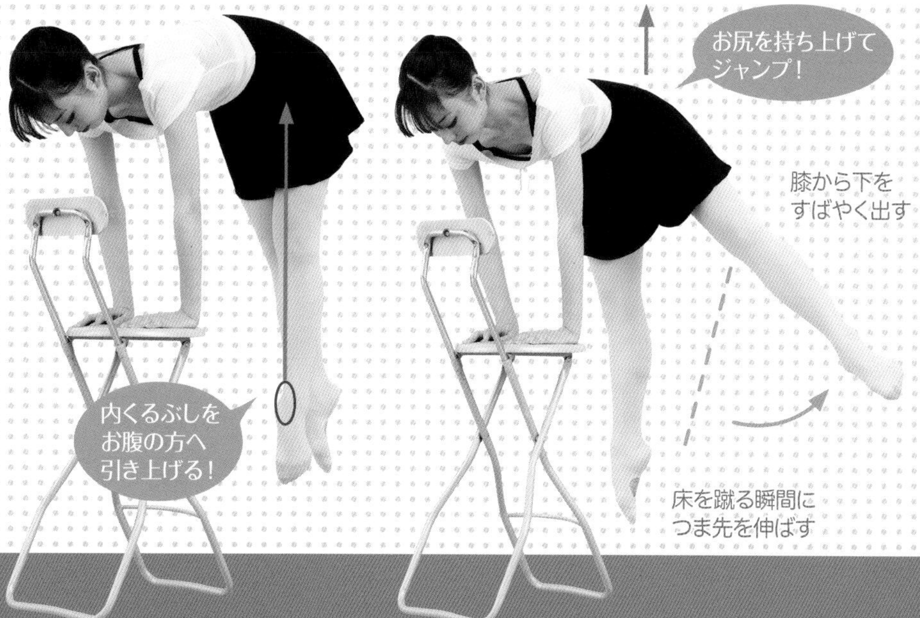
お尻を持ち上げて
ジャンプ!
膝から下を
すばやく出す
内くるぶしを
お腹の方へ
引き上げる!
床を蹴る瞬間に
つま先を伸ばす
③右脚で踏み切って真上に跳び、空中で左脚を右脚の前に引き寄せて第5ポジションに。(♪&)

7

内くるぶしを
引き上げる!

6

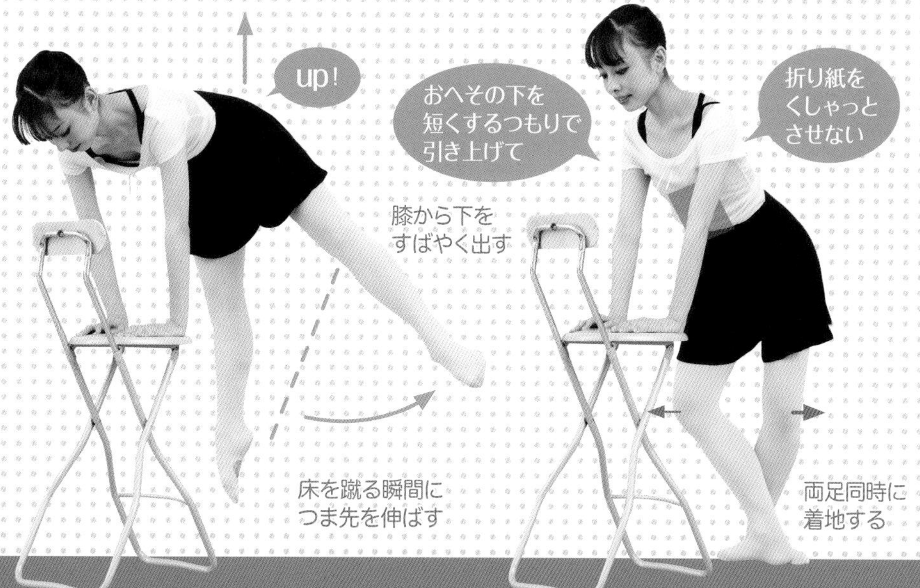
up!
おへその下を
短くするつもりで
引き上げて
折り紙を
くしゃっと
させない
膝から下を
すばやく出す
床を蹴る瞬間に
つま先を伸ばす
両足同時に
着地する

⑦左脚→右脚→左脚とすばやく3回アッサンブレをし(♪3・4、**3**・2・3・4、**4**)、膝を伸ばし(♪2)、続けて❷〜❻を逆の脚で行います。(♪3・4、**5**・2・3・4、**6**・2・3・4、**7**・2・3・4、**8**・2・3・4)

⑥そのまま第5ポジションのドゥミ・プリエで着地し(♪**2**)、膝を伸ばします。(♪2)

苦手の原因3

背中がぐらぐら動く

―グリッサード―

背中がぐらぐら動くと、脚を正しい方向に出せなくなります。壁を背にグリッサードを行い、背中をまっすぐキープしたまま動く感覚を身につけましょう。3種類のグリッサードとつなぎの動きを覚えてアンシェヌマンを踊ってみましょう。

1 前の脚から出し、前に入れる

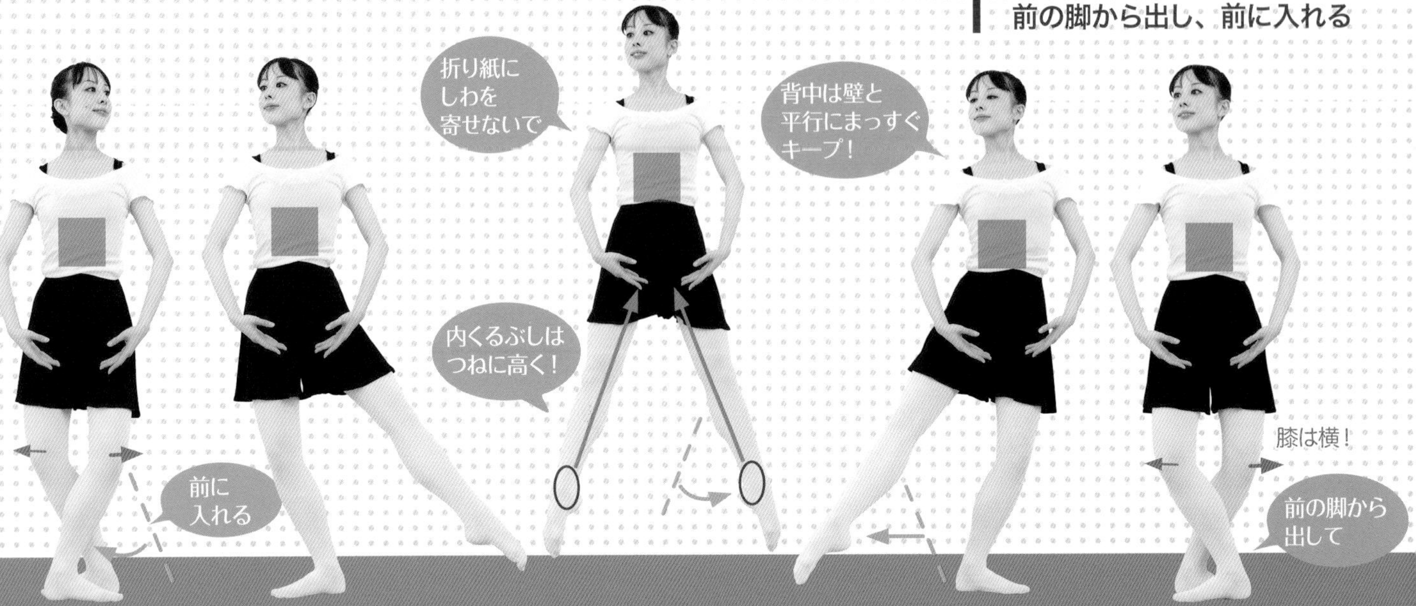

折り紙にしわを寄せないで
背中は壁と平行にまっすぐキープ！
内くるぶしはつねに高く！
膝は横！
前に入れる
前の脚から出して

左脚を前に入れてドゥミ・プリエ。

右足前の第5ポジションでドゥミ・プリエし、右脚を横に出してグリッサード。

3 前の脚から出し、後ろに入れる

背中で壁を感じて
膝から下をすばやく出す！
後ろに入れる
前の脚から出して

左脚を後ろに入れてドゥミ・プリエ。

右足前の第5ポジションでドゥミ・プリエし、右脚を横に出してグリッサード。

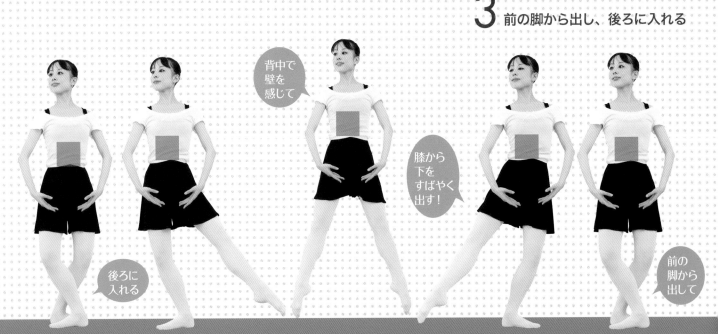

アンシェヌマンにしてみよう！

左足前第５ポジションから、右に１→左に１→左に２→右に２→左に３→左に脚を出して４→右に３→右に脚を出して４

お手本動画

Point

- 内くるぶしと膝をつなげて引き上げる
- お腹の折り紙にしわを寄せない
- 背中をまっすぐにキープ
- 壁と平行に脚を出す

2 後ろの脚から出し、後ろに入れる

折り紙が傾かないように
内くるぶしと膝の内側を正面に向ける！
背中で壁を感じながら
後ろに入れる
後ろの脚から出して

左脚を後ろに入れてドゥミ・プリエ。

左足前の第５ポジションでドゥミ・プリエし、右脚を横に出してグリッサード。

4 つなぎの動き（アッサンブレ）

背中で壁を感じ続けて
内くるぶしはつねに高く！

ルルヴェしながら左脚を右脚の前に引き寄せて、ドゥミ・プリエ。

膝から下をすばやく出す

右足前の第５ポジションでドゥミ・プリエし、左脚を横に出します。

Point

- ✓ 内くるぶしと膝をつなげて引き上げる
- ✓ お腹の折り紙にしわを寄せない
- ✓ 壁とボディを平行にキープ
- ✓ 小刻みにすばやく動く

苦手の原因4

脚にのっかってしまう

—パ・ド・ブーレ・クーリュ—

ステップを踏む時に脚にどっしり体重をのせていると、なかなかすばやく動けません。パ・ド・ブーレ・クーリュでお尻を高い位置でキープしたまま小刻みに動く練習をしましょう。

2　1

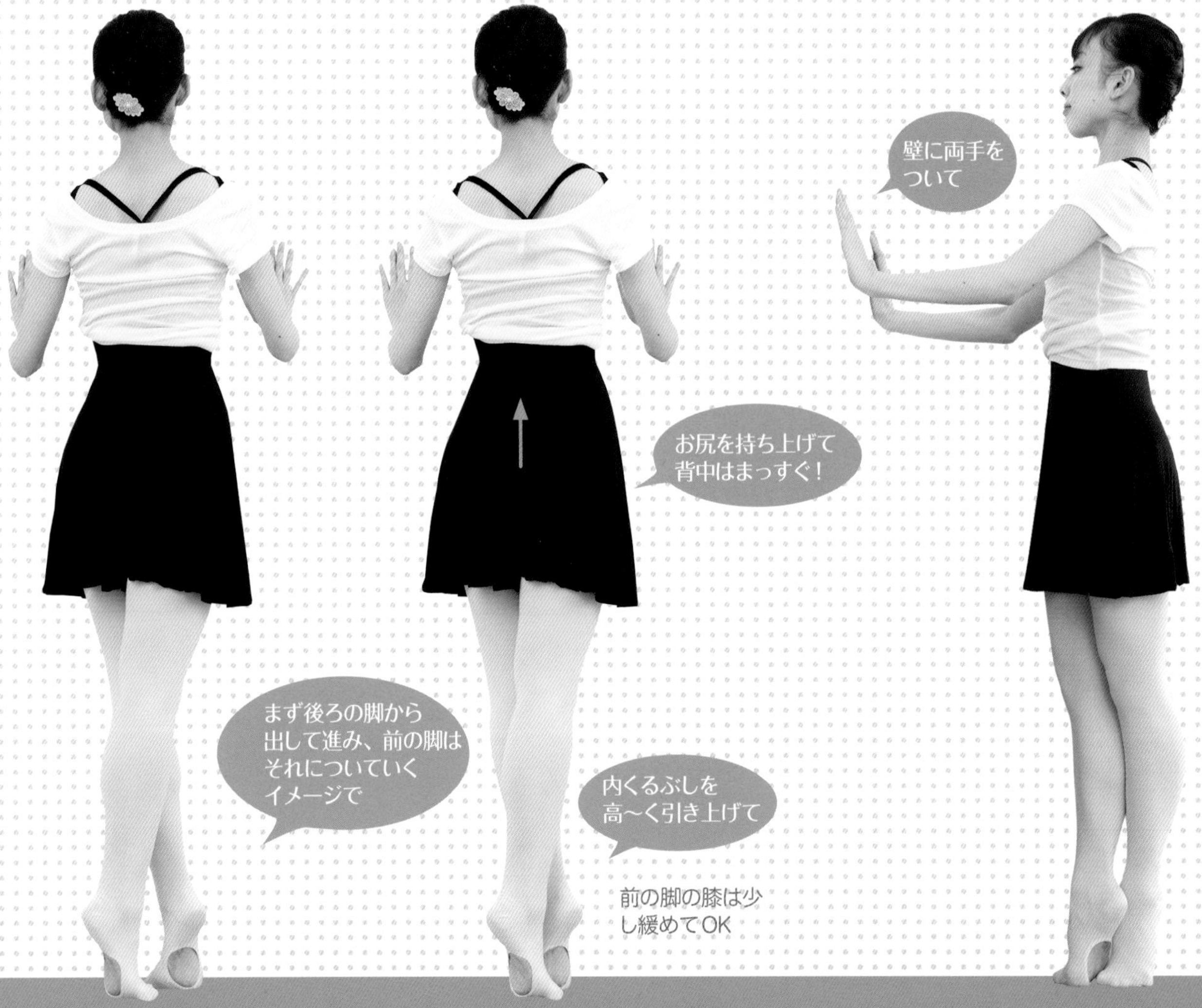
壁に両手をついて
お尻を持ち上げて背中はまっすぐ！
まず後ろの脚から出して進み、前の脚はそれについていくイメージで
内くるぶしを高〜く引き上げて
前の脚の膝は少し緩めてOK

①左足前の第5ポジションのドゥミ・ポアントで立ちます。

②右脚を左に出します。

横から見ると……

お手本動画

3

折り紙は
まっすぐにキープ！
両腿がなるべく
離れないように

③左脚も右脚にそろえます。

4

お尻は
高いまま
キープ

④これをくり返し、左に向かって小刻みに進んでいきます。

これはNG！

前の脚で大きく進もうとすると、
両腿が離れてしまいます。

お手本動画

アレグロのアンシェヌマンにトライ！

４つの苦手ポイントを確認しながら、簡単なアンシェヌマンに挑戦してみましょう！

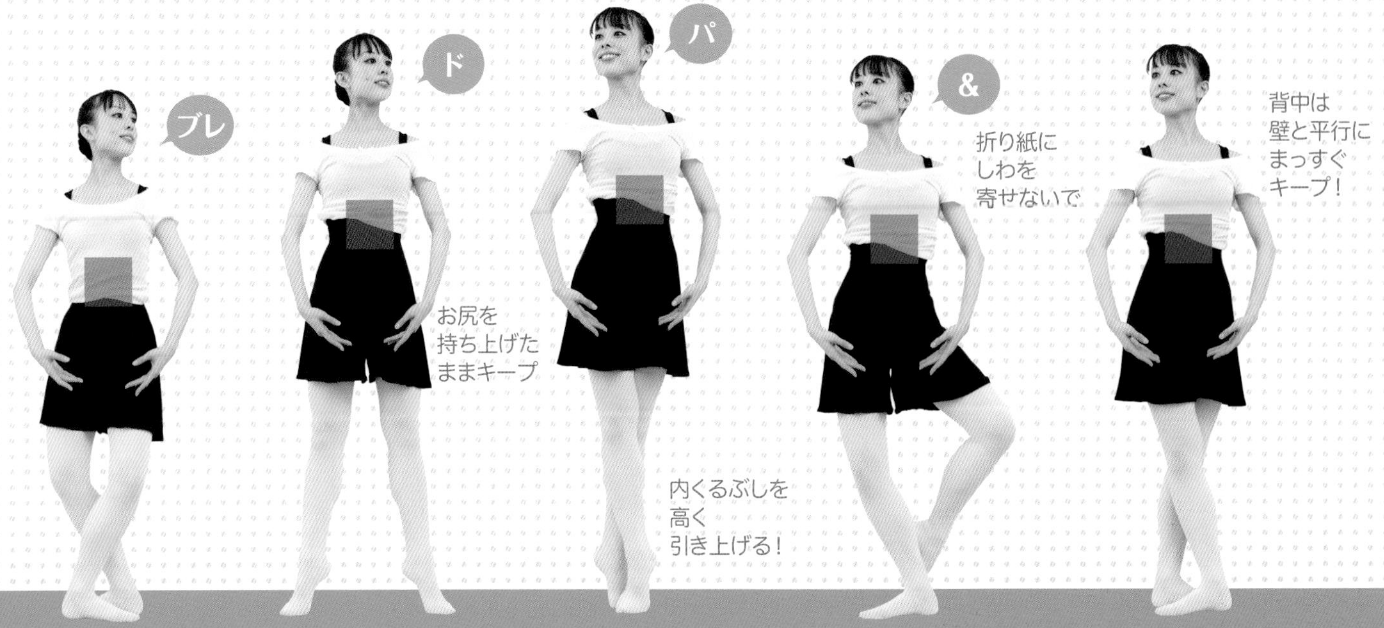

ブレ
ド
パ
&
お尻を
持ち上げた
ままキープ
内くるぶしを
高く
引き上げる！
折り紙に
しわを
寄せないで
背中は
壁と平行に
まっすぐ
キープ！

①右足前の第5ポジションで立ちます。

②左脚を後ろのク・ド・ピエにし（♪&）、左脚のつま先を下ろして第5ポジションのドゥミ・ポアントに（♪**1**）。右脚を横に出して第2ポジションのドゥミ・ポアントにし（♪2）、左脚を前に引き寄せて第5ポジションでドゥミ・プリエする。（♪3）

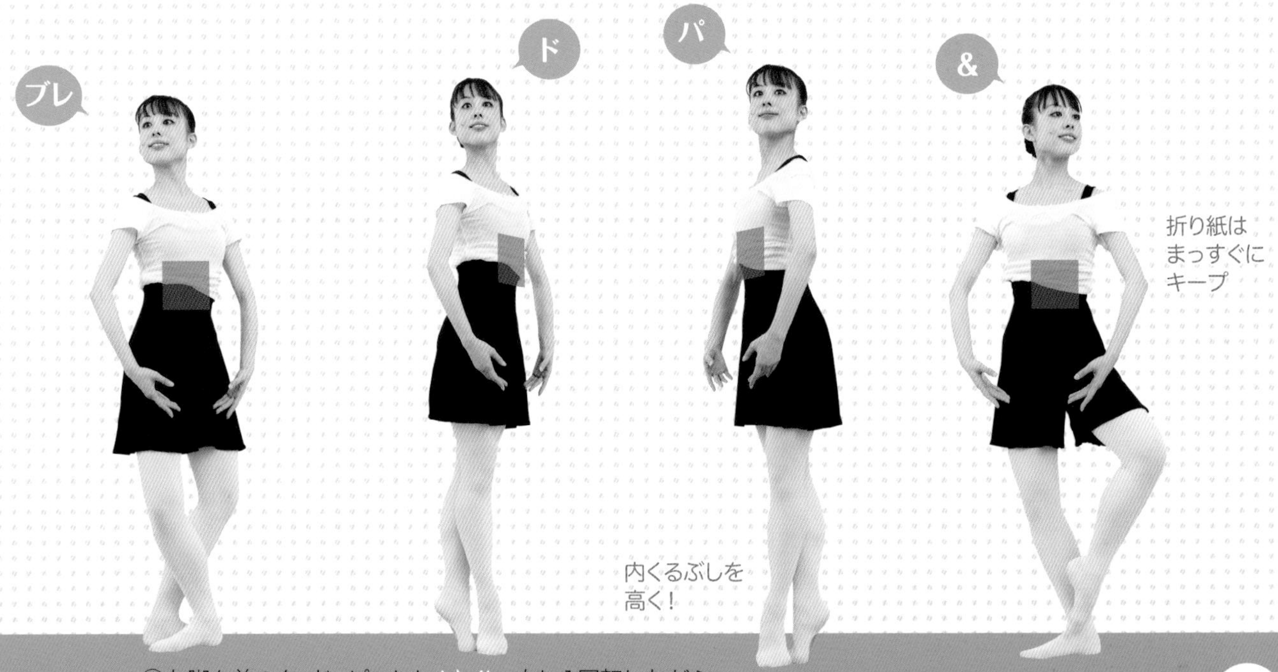

ブレ
ド
パ
&
折り紙は
まっすぐに
キープ
内くるぶしを
高く！

④左脚を前のク・ド・ピエにし（♪4）、右に1回転しながら左脚（♪**3**）、右脚の順に踏み（♪2）、右足前の第5ポジションでドゥミ・プリエします。（♪3）

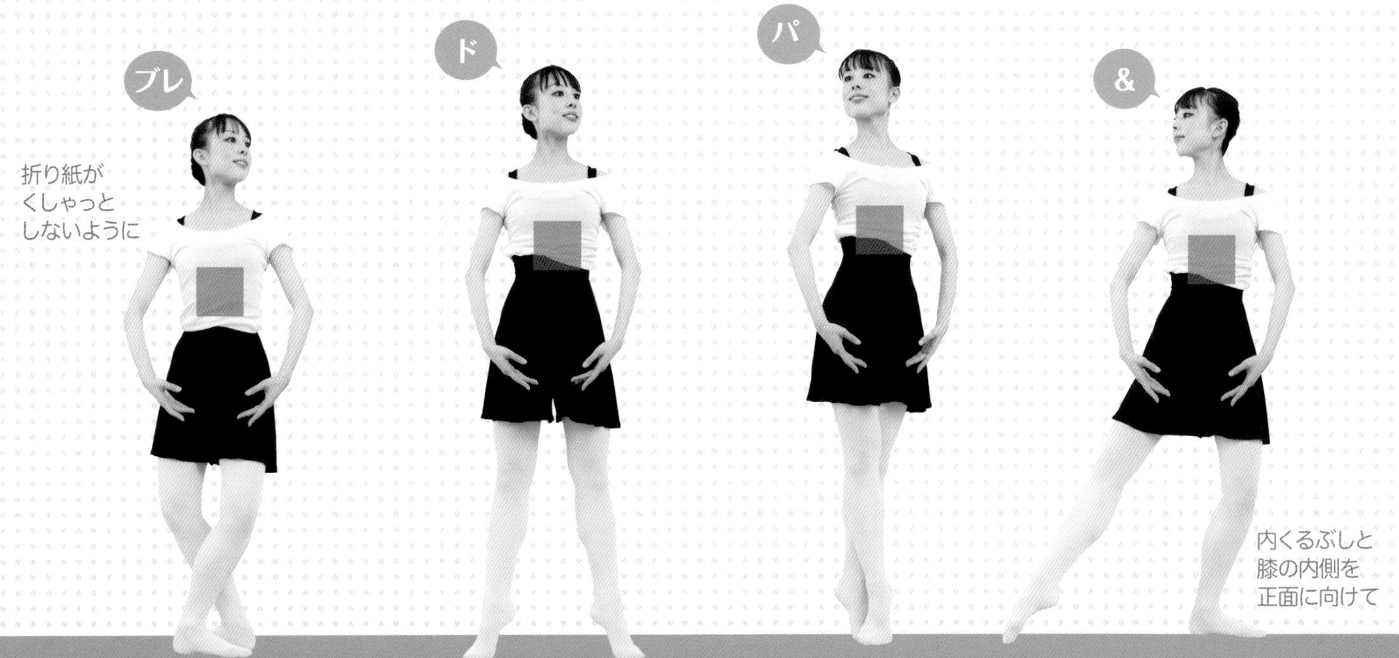
ブレ
ド
パ
&
折り紙が
くしゃっと
しないように
内くるぶしと
膝の内側を
正面に向けて

③右脚を横に出し（♪4）、左脚の前に引き寄せて第5ポジションのドゥミ・ポアントに（♪**2**）。左脚を横に出して第2ポジションのドゥミ・ポアントにし（♪2）、右脚を後ろに引き寄せて第5ポジションでドゥミ・プリエする。（♪3）

しっかり
第5ポジション
に入れる
折り紙は
まっすぐに！
お尻を
持ち上げて
膝から下を
すばやく出す
すぐに
グリッサード
背中で
壁を感じて

⑤右にグリッサードし、左脚を前に入れてドゥミ・プリエします（♪4・**4**・2・3）。
今度は反対方向に❶〜❺を行ってみましょう。（♪4・**1**・2・3・4〜**4**・2・3・4）

ピルエット

苦手の原因1
パッセするのが遅い
—すばやくパッセ—

スムーズに回転するために大切なのは、ドゥミ・ポアントで立った瞬間にまっすぐな軸を作ること。パッセの脚がもたついていると、そこでバランスをくずしてしまいます。プリエからすばやくパッセにする訓練をしましょう。

Point

- ☑ 内くるぶしと膝をつなげて引き上げる
- ☑ お腹の折り紙にしわを寄せない
- ☑ 骨盤がバーと平行
- ☑ 膝がバーと平行
- ☑ 左右の肩がバーと平行

お手本動画

1

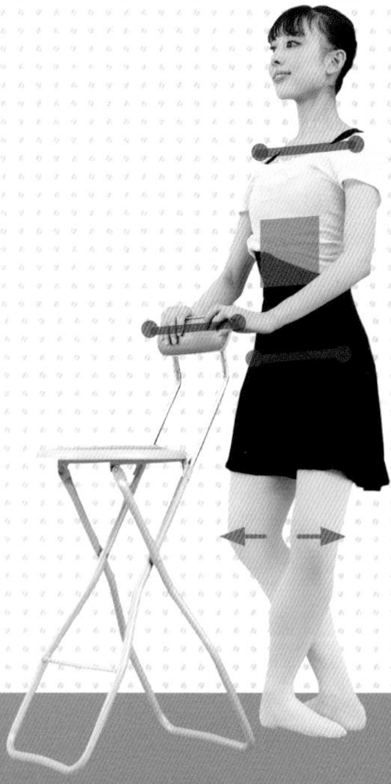

①左足前の第5ポジションでドゥミ・プリエ。(♪&)

4

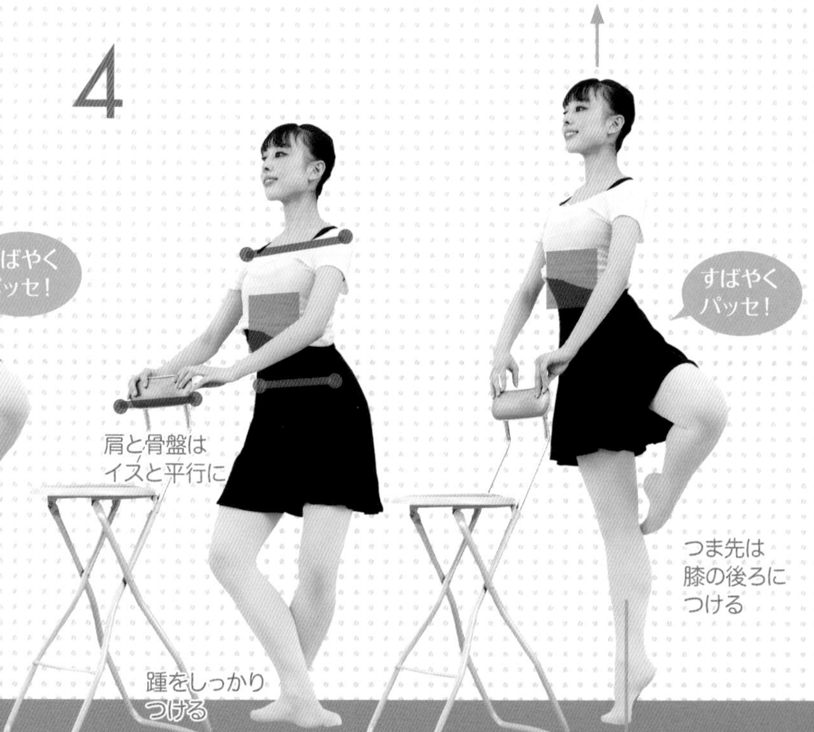

すばやくパッセ!
肩と骨盤はイスと平行に
踵をしっかりつける
つま先は膝の後ろにつける

④今度は右脚をドゥミ・ポアントにすると同時に左脚を後ろのパッセにし(♪**2**)、左脚を後ろに下ろしてドゥミ・プリエ(♪2)。これをあと2回行います。(♪3・4・5・6)

5

すばやくパッセ!
肩と骨盤はイスと平行
踵をしっかりつけ、内くるぶしはお腹の方へ引き上げる
軸脚でしっかり床を押し、体を上下に伸ばす

⑤もう1回パッセをし(♪7)、左脚を前に下ろしてドゥミ・プリエ。(♪8)

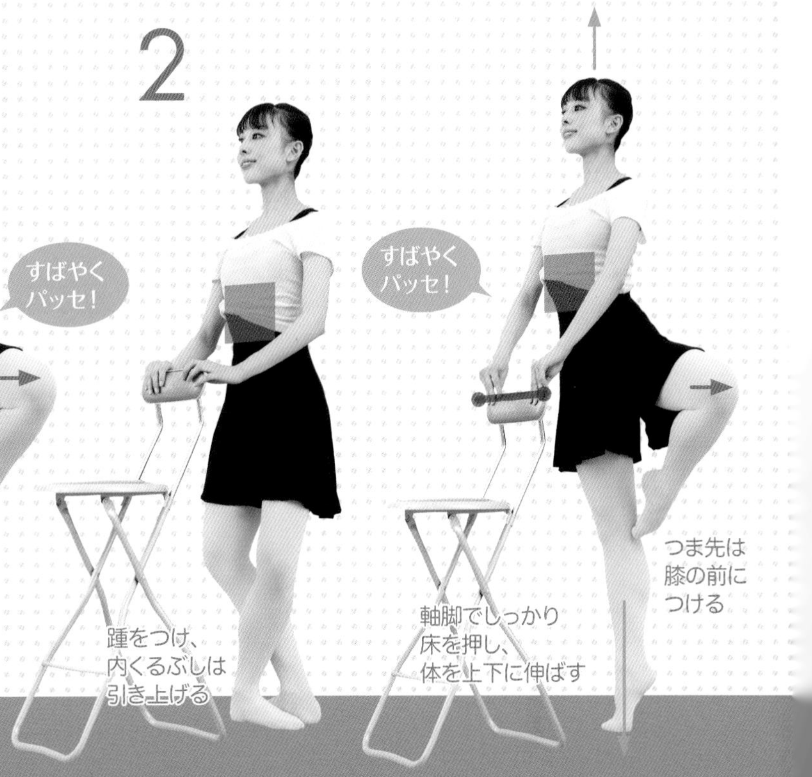
2
すばやく
パッセ！
踵をつけ、
内くるぶしは
引き上げる
軸脚でしっかり
床を押し、
体を上下に伸ばす
つま先は
膝の前に
つける

②右脚をドゥミ・ポアントにすると同時に左脚を前のパッセにし（♪**1**）、左脚を前に下ろしてドゥミ・プリエ（♪2）。これをあと2回行います。（♪3・4・5・6）

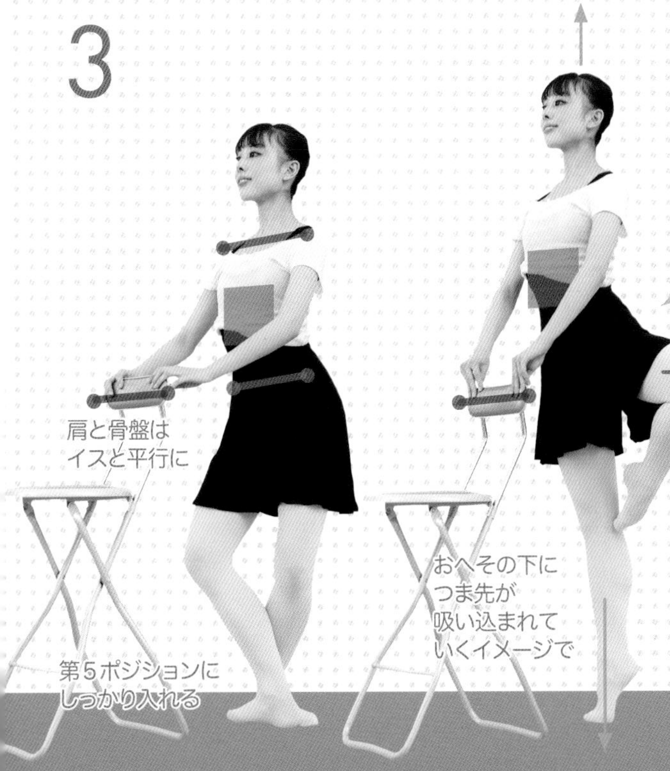
3
肩と骨盤は
イスと平行に
第5ポジションに
しっかり入れる
すばやく
パッセ！
おへその下に
つま先が
吸い込まれて
いくイメージで

③もう1回パッセをし（♪7）、左脚を後ろに入れてドゥミ・プリエします。（♪8）

6
顔をつける時も、
肩はイスと
平行にキープ！

⑥右脚をドゥミ・ポアントにすると同時に左脚を前のパッセにし（♪**3**）、そのまま顔を左→前→左→前（♪2・3・4・5・6・7・8）に向けます。

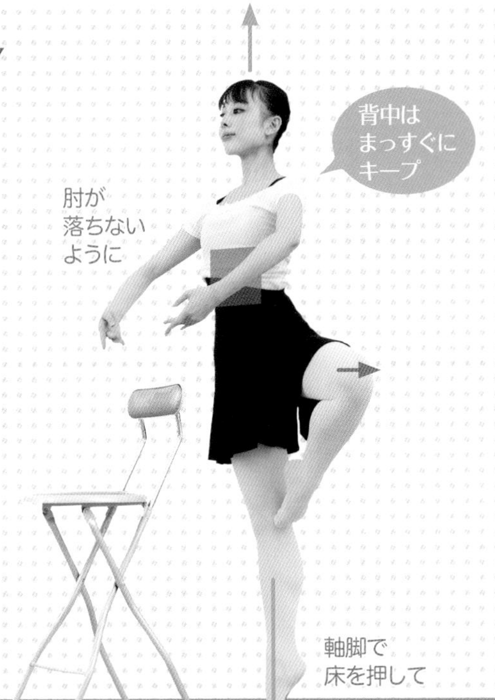
7
背中は
まっすぐに
キープ
肘が
落ちない
ように
軸脚で
床を押して

⑦両腕をアン・ナヴァンにしてそのままキープします（♪**4**・2・3・4・5・6・7・）。反対の脚でも行いましょう。（♪8・**1**・2・3・4・5・6・7・8～♪**4**・2・3・4・5・6・7・8）

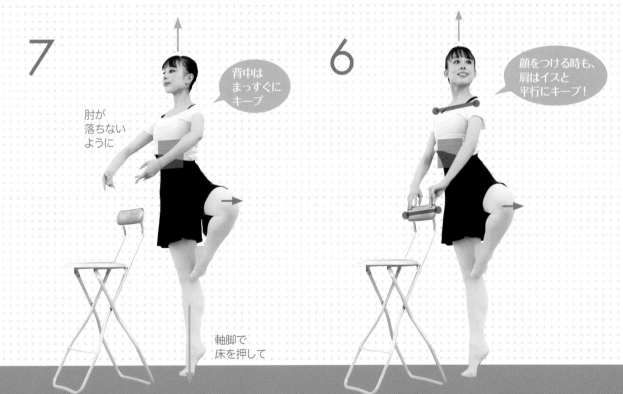

苦手の原因2

顔をうまくつけられない

―顔をつける―

顔をつけるのが遅かったり、首が曲がっていたりしても、体の軸がぶれてしまい、まっすぐ回れません。シェネで回転しながら顔をつける練習をしましょう。

Point

- 内くるぶしと膝をつなげて引き上げる
- お腹の折り紙にしわを寄せない
- 肩が壁と平行
- 目印を見つめ続ける
- 鼻で向く

お手本動画

「鼻で目印を見る」イメージでしっかり横を向く
顔をすばやく動かす！
首はまっすぐ伸ばしたまま
目印を決めて
肩は壁と平行にキープ
壁に両手をついて
折り紙がくしゃっとしないように
内くるぶしと膝の内側を正面に向け、お腹の方へしっかり引き上げる

①第1ポジションのドゥミ・ポアントで立って顔を右に向け、目の高さで目印を決めます。目印を見続けながら、右脚を軸にして右に半回転します。

②今度は左脚を軸にして右に半回転します。体より先に、顔をすばやく目印の方に回しましょう。

③また右脚を軸にして右に半回転します。これをくり返し行いましょう。

オススメ！
レッスン
style

「家バレエ」を続けるコツは？

ひとりでレッスンするとなると、つい三日坊主になってしまう人も多いよう。バレエ雑誌「クロワゼ」読者の皆さんに、続けるコツを教えてもらいました！

バーを全部やろうと思うとなかなか続かないので、毎日3つだけやろうと決めています。私の今の目標は、足先をきちんと使うこと。「タンデュ」と「ジュテ」、「ロン・ド・ジャンブ・ア・テール」が定番メニューです。

（福岡県　PN／もんちっちさん）

部屋が汚いとやる気がなくなるので、いつもストレッチする場所だけは確保！　おかげで、床に物を置かないようになり、お部屋もきれいになって一石二鳥です♥

（千葉県　PN／クララさん）

鏡の横に、大好きなギエムの写真を貼っています。自分の緩んだ体と見比べる度に、「もっと筋トレしなきゃ！」と思います(涙)。

（東京都　PN／あみちゃん）

掃除や洗濯のように、会社から帰ったら必ずすることのひとつとして、毎日ピルエットを回ると決めています。もう習慣になっているので、めんどくさいと感じることもなくなりました。ただし、お酒を飲んだ日だけは、危ないのでやらないようにしていますが（笑）。

（滋賀県　PN／みかママさん）

アントルシャ

苦手の原因1
お尻が上がらない
—アントルシャ・ロワイヤル&カトル—

お尻が持ち上がっていないと、高くジャンプできず、足先を動かすヒマもなくなってしまいます。イスや机に両手をついて、お尻を高く持ち上げてアントルシャをする練習をしましょう。

お手本動画

Point

- ☑ 内くるぶしと膝をつなげて引き上げる
- ☑ お腹の折り紙にしわを寄せない
- ☑ お尻を高く持ち上げる
- ☑ 骨盤がイスと平行
- ☑ 踵は前に向ける

アントルシャ・ロワイヤル

1

膝は横に

①左足前の第5ポジションでドゥミ・プリエ。

2

お尻をup
お腹にグッと力を入れて
つま先を伸ばす

②両足で踏み切って真上に跳び、脚を左右に少し開きます。

アントルシャ・カトル

1

お尻が出ないようにまっすぐプリエ
膝は横に向けて

①左足前の第5ポジションでドゥミ・プリエ。

アンシェヌマンにしてみよう！

①右足前第５ポジションからアントルシャ・カトルを３回、②右足前第５ポジションからアントルシャ・ロワイヤルを１回、③左足前第５ポジションからカトルを３回、④左足前第５ポジションからロワイヤルを１回。①〜④を２回くり返す。

2

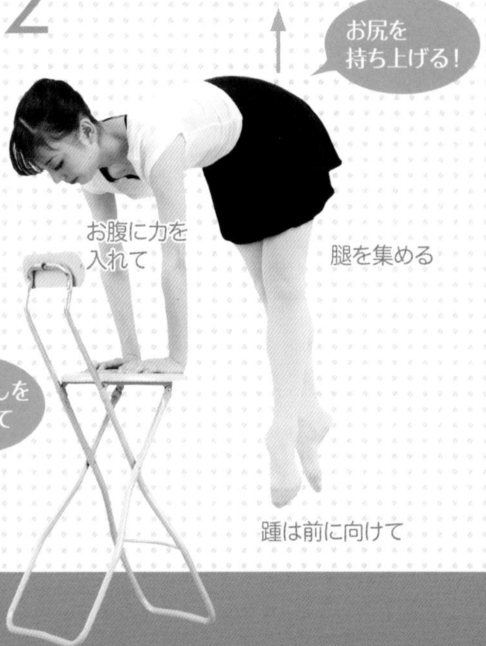
お尻を
持ち上げる！
お腹に力を
入れて
腿を集める
踵は前に向けて

②両足で踏み切って真上に跳び、腿を引き寄せて打ち合わせます。

3

内くるぶしを
引き上げて

③脚を左右に少し開きます。

4

折り紙を
くしゃっと
させない
後ろの足の踵が
浮かないように

④脚の前後を入れ替えて、右足前第5ポジションのドゥミ・プリエで着地します。

3

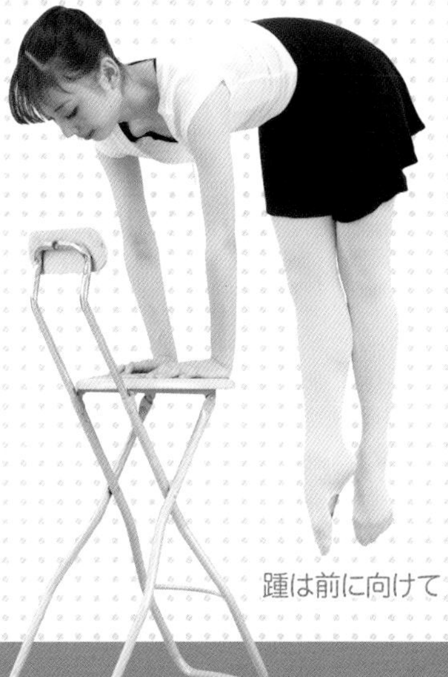
踵は前に向けて

③脚の前後を入れ替えて腿を打ち合わせ、右足前の第5ポジションにします。

4

④脚を左右に少し開きます。

5

ドスンと音が
しないように
内くるぶしを
引き上げながら
下りる

⑤脚の前後を入れ替えて、左足前第5ポジションのドゥミ・プリエで着地します。

踊ってみよう！

オーロラの ミニ・ヴァリエーション

『眠れる森の美女』第３幕オーロラ姫のヴァリエーションを
たたみ一畳で踊れるミニ・ヴァリエーションにアレンジしました。
流れとポイントをチェックして、動画と一緒に踊ってみましょう！

お手本動画

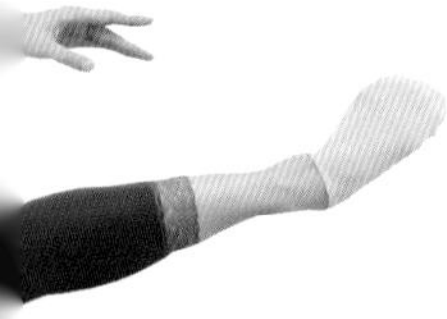

両腕をクロス
鼻の延長線上で腕を
クロス。肩は下ろして。

背中のラインに
気をつけて、
お姫様らしく
控えめな腕の高さで

パッセ
後ろのパッセの時、
膝が前を向かない
ように。しっかり
横に向けましょう

アラベスク
軸脚側のお腹を
引き上げて。視
線は指先の方へ。

ポール・ド・ブラ
腕は背中から動かし、二の腕、肘、指先まで意識
して。左右の腕がバラバラにならないように、そ
よぐように連動させて動かしましょう。

ポール・ド・ブラ
背中から二の腕、指先の
順に腕を動かして。肩を
振り回さないように。

シソンヌ・フェルメ
空中でつま先をピンと
伸ばして。

大きくアラベスク
顔は左胸の上に持っ
てくるイメージで。
手足を遠くへ伸ばし、
両脚ともしっかりア
ン・ドゥオール。

指先まで
美しくポーズ!

監修者紹介

小柴葉朕（こしば・はざき）

6才よりバレエを始める。高橋洋美、遠藤展弘に師事。1984年より茨城県龍ケ崎市にて小柴葉朕バレエスクールを主宰。バレエの基礎を厳しくも丁寧に、わかりやすく教える指導に定評がある。日本ジュニアバレエ公演において「THE MARCH」を振付。国内外のコンクールにおいて多数の受賞者を出すほか、プロのダンサー、舞台人も多く輩出している。

スペースも バーもいらない！

家バレエ

～バー・レッスンからセンター特訓メニューまで～

お手本動画のQRコードつき

Croisé編

初出　「クロワゼ」Vol.50　2013年 Spring

監修　小柴葉朕

写真　松谷靖之

モデル　長谷川修子

イラスト　武蔵野ルネ

表紙・本文レイアウト　SDR（新書館デザイン室）

2021年4月30日　初版第1刷発行

発行者　三浦和郎

発行　株式会社 新書館

編集：〒113-0024　東京都文京区西片2-19-18　TEL03-3811-2871　FAX03-3811-2501

営業：〒174-0043　東京都板橋区坂下1-22-14　TEL03-5970-3840　FAX03-5970-3847

印刷・製本　中央精版印刷株式会社

Printed in JAPAN　ISBN 978-4-403-33074-2

落丁・乱丁本はお取替えいたします